KB193407

스포츠 베팅의
겉과 속

SPORT BETTING
스포츠 베팅의 겉과 속

박성배 · 최준규 지음

북카라반
CARAVAN

프롤로그

1990년대 중반 NBA(미국 프로 농구)에 흠뻑 빠져 있던 나는 주한미군방송이었던 AFKN을 통해 경기를 시청하곤 했다. 유타 재즈의 팬이었던 나는 명예의 전당에 오른 존 스탁턴John Stockton과 칼 말론Karl Malone 선수의 콤비 플레이를 볼 때마다 짜릿함을 느꼈고, 어떠한 경우에도 화를 내거나 흥분하지 않는 두 선수를 보며 운동선수로서의 품위를 배웠고 평정심의 진수를 목격했다. 동시에 나는 다른 어떤 것에서도 느낄 수 없는 뭔가 모를 '스포츠의 진정한 가치'를 엿볼 수 있었다. 누구도 설명해주지 않았지만 지금 와서 돌이켜보면 내가 느꼈던 '스포츠의 진정한 가치'란 바로 리더십, 협동, 희생, 존경, 존중, 배려, 노력, 성실, 근면 등으로 불리는 우리 삶의 핵심가치였다. 스포츠 매니지먼트로 전공을 바꾸게 된 결정적 계기는 바로 이러한 '보이지 않는 스포츠의 진정한 가치'를 더 많은 사람들과 나누고 싶었기 때문이 아니었나 싶다. 어느 덧 스포츠 산업에 발을 들인지 25년이 흘렀다. 내가 간절하게 추구해왔던 '스포츠의 진정한 가치'는 현재 어떤 모습일까?

스포츠 산업은 꾸준히 발전해왔다. FIFA(국제축구연맹) 월드컵의 규모는 점점 커져 2026년 북중미 월드컵에 출전하는 국가의 수는 48개국으로 늘었다. 2030년 월드컵은 스페인, 포르투갈, 우루과이, 아르헨티나 등 유럽과 남미에서 공동으로 개최될 예정이다. 올림픽대회 역시 대변혁기를 맞이하고 있다. 젊은 층을 겨냥해 e-스포츠 종목을 올림픽에 포함하려는 시도와 함께, 브레이킹, 서핑, 스포츠클라이밍 등을 신규 종목으로 선정했다. 꾸준히 증가한 중계권 수입을 비롯 14개까지 늘린 월드와이드 파트너 프로그램을 통해 IOC(국제올림픽위원회)는 돈방석에 앉았다. 스포츠경기를 시청하는 방식에도 커다란 변화가 생겼다. 이제는 전통 아날로그 방식을 통한 공중파 방송국의 중계로 한정되지 않는다. 글로벌 시장에서는 방송국들이 셋톱박스를 뛰어넘어 OTT(온라인 동영상 서비스)로 탈바꿈했고, 아마존, 메타, 쿠팡플레이, 티빙 등 글로벌 유통업체들까지 스포츠 중계방송을 그들의 플랫폼을 마케팅하는 킬러 콘텐츠로 활용하고 있다. 티빙은 한국야구위원회와 2024~2026년 3년간 총 1,350억 원에 프로야구 리그 유무선 중계권 사업계약을 체결했다. 쿠팡플레이는 2024년 3월 고척돔에서 열린 LA다저스와 샌디에이고 파드리스의 메이저 리그 개막전을 독점 중계해 스포츠 중계의 새로운 장을 열었다. JTBC 역시 2026년 북중미 월드컵, 2030년 100주년 월드컵을 포함해 2026~2032년 개최되는 올림픽대회의 독점중계 권리를 획득했다.

선수들의 연봉은 어떠한가? (2024년 기준으로) 프로축구의 크리스티아누 호날두Cristiano Ronaldo 선수는 2억 유로(약 3천억 원), 네이마르Neymar 선수는 1억 유로(1,500억 원)를 받고 있다. 메이저 리그의 후안

소토Juan Soto 선수는 뉴욕 메츠와 15년 7억 6,500만 달러(약 1조 1천억 원)의 계약을 맺었다. 종목과 관계없이 세계 최고 수준의 운동선수들은 일명 '걸어다니는 재벌'로 불리는데 이들의 연봉과 후원 수입을 포함한 연 수입은 상상을 초월한다. 지난 25년 동안 프로스포츠구단의 가치도 5배 이상 상승했다. NFL(미국 미식축구리그)의 댈러스 카우보이스는 90억 달러(약 13조 원), MLB(미국 프로야구 메이저 리그)의 뉴욕 양키스는 71억 달러(약 10조원), NBA의 골든스테이트 워리어스는 70억 달러(약 10조 원) 등에 이를 정도로 급등했다. 이들 구단의 연 매출도 어느덧 1조 원에 달할 정도로 급격히 성장했는데 전 세계 기업 중 100~200명 정도의 직원으로 이 정도 수준의 연 매출을 기록하는 조직은 스포츠구단을 제외하곤 찾아보기 힘들 것이다.

한국도 예외가 아니다. 프로야구는 2024년 역대 최초로 '천만 관중'이라는 기록을 세웠으며, 한국시리즈 우승 주역이자 최고 선수로 뽑힌 기아 타이거즈의 김도영 선수의 유니폼 매출만 120억 원에 달할 정도로 스포츠 산업의 매출 역시 급성장했다. 선수들의 연봉 역시 폭발적으로 증가했다. 이미 2016년에 기아 타이거즈 최형우 선수가 역대 최초로 'FA(자유계약 신분) 계약 총액 100억 원'의 이정표를 세웠다. 류현진, 양의지, 김광현 선수 등 최상위권 선수들 역시 초대형 계약을 체결하는 등 한국 선수들의 몸값도 해외 리그에 못지않게 높아졌다.

첨단 기술의 발전은 스포츠 산업의 폭발적 성장을 돕는 '강력한 모멘텀' 역할을 하고 있다. 빅데이터, 인공지능, 3D 카메라, 첨단 센서 기술을 활용해 선수들은 개인 기량을 높일 수 있는 동시에 부상을 방지할 수 있다. 또한, 클라우딩 업체들은 인공지능을 활용해 공의 방향, 속도, 움직임을 실제 현상보다 빠르게 파악한다. 2024년 우리나라 프로야구에서 세계 최초로 도입된 ABS Automated Ball-Strike(자동 볼 판정) 시스템은 투수가 공을 던지는 순간 공의 방향, 회전속도 등을 파악해 포수에게 공이 도달하기 전에 볼 판정이 끝날 만큼 엄청난 기술발전을 이뤘다. 이러한 데이터 분석 기술의 발전으로 복잡하고 어렵게만 느껴지던 스포츠 데이터는 고급 시각화 프로그램을 통해 쉽고 편안하게 팬들에게 전달되고 있다.

외형적으로 볼 때 2000년 이후 스포츠 산업은 폭발적 성장을 이뤘으며 앞으로도 이러한 흐름에는 큰 변화가 없을 것처럼 보인다. 하지만 이것이 내가 진정토록 바라왔던 스포츠 산업의 모습인가? 내가 오랫동안 추종했던 '스포츠의 진정한 가치'는 어디에 있는가? 시대가 변하면서 사람들의 관심사는 변했다. 이제 스포츠 산업은 '돈'으로 정의되고 '규모'로 대변되며 이를 강력히 뒷받침하는 것은 '기술 혁명'이다. 데이터 분석 기술이 발전하면서 기존에는 상상도 못 하던 도전이 가능해졌다. 바로 '승부 예측'이다. 엄청난 규모의 데이터를 기반으로 생성형 인공지능을 활용해 승부를 정확하게 예측하는 것이 가능할까? '과학'과 '행운'이라는 틈 사이에서 스멀스멀 올라오는 '스포츠 베팅'이 바로 이 책의 주제이다.

겉으로 볼 때 스포츠 산업에는 별다른 문제가 없어 보인다. 지속적인 성장과 발전, 그리고 팬들의 폭발적인 증가로 스포츠가 가진 본연의 역할을 다하고 있는 것 같다. 하지만, 이와 같은 스포츠 베팅 산업의 성장과 발전에는 양면의 날이 있다. 제대로 이해하지 않으면 스포츠 산업은 걷잡을 수 없는 소용돌이에 빠질 것이다. 이것이 바로 이 글을 쓰는 이유다.

우선 시작에 앞서 독자들의 이해를 높기 위해 책 앞머리에 '쇼트박스Short Boxes'를 만들어 본문에 나오는 스포츠 베팅과 관련한 다양한 학술적 용어 및 이론을 간략히 설명했다. 이 책의 본문은 크게 네 개의 섹션으로 나뉜다. 첫 번째 섹션에서는 스포츠와 스포츠 베팅의 본질에 대해 설명한다. 1장은 스포츠와 도박, 그리고 스포츠 베팅의 역사를 소개하고 2장과 3장은 각각 영국의 풀즈 전쟁과 미국의 블랙 삭스 스캔들을 통해 스포츠 베팅이 스포츠 산업을 어떻게 붕괴시켰는지를 보여주는 역사적 사건을 소개한다. 4장은 한국에서 스포츠 베팅이 어떻게 시작됐는지를 다뤘다. 두 번째 섹션은 스포츠 산업의 기술 발전과 제도가 어떻게 스포츠 베팅 시장의 급격한 변화를 이끌었는지를 설명한다. 5장은 스포츠 산업의 핵심적인 역할을 하는 가상 인물의 사례를 통해 스포츠 베팅을 바라보는 업계의 입장을 살펴본다. 6장은 스포츠업계가 스포츠 베팅 산업을 활성화를 주장하는 이유를, 그리고 7장은 2018년 5월에 나온 미국 뉴저지주 대법원의 판결을 통해 미국의 스포츠 베팅 시장의 급속한 성장을 설명한다. 8장은 스포츠 베팅의 합법화와 활성화가 가져올 긍정적 가치와 혜택을 살펴본다. 9장에서는 한국 스포츠 베팅 산업이 스포츠에 미치는 영향을 설명한다. 세 번째 섹션에서는 스포츠 베팅이 가져올 사회적 부작용 및 이와 관련한 주요 쟁점을 다룬다. 구체적으로 10장은 가상 인물을 설정해 스포츠 베팅에 중독되는 과정을 설명하고, 11장에서는 스포츠 베팅 예방, 교육, 홍보, 치유, 재활 등 도박 중독의 심각성 및 대책에 대해 살펴본다. 도박 중독 치유 관련 전문가와의 심도 있는 인터뷰를 통해 실제 상황의 심각성을 간접적으로 느낄 수 있다. 12장은 스포츠 베팅 업체들이 즐겨 사용하는 고객 유인책 및 다양한 마케팅 전략을 살펴보고 사람들이 왜 이리 쉽게 스포츠 베팅에 현혹되는가를 분석한다. 13장은 스포츠 베팅 중독 유병률 관리 방안의 필요성을 제기한다. 실제로 스포츠 베팅을 즐기는 한국인과 미국인의 인터뷰를 통해 이들의 베팅 행태를 엿볼 수 있다. 네 번째 섹션은 스포츠 베팅 산업이 앞으로 나아가야 할 발전 방향에 대한 조언으로 구성되었다. 스포츠 베팅 시장은 이제 한 국가가 관리와 통제를 할 수 있는 임계점을 넘은 상황에서 보다 체계적이고 적극적인 규제 방안이 절실하다. 14장은 스포츠 베팅의 합법화와 활성화와 관련한 주요 쟁점 및 정부의 역할에 대해 설명한다. 15장은 한국 스포츠 베팅 시장의 주요 규제 현황 및 방식에 대해 소개하고 마지막 장인 16장에서는 한국 스포츠 베팅 시장 활성화 및 규제의 딜레마를 다룬다.

이 책은 스포츠 베팅을 단순히 오락이나 돈벌이 수단으로 여겨 베팅 승률을 높여주는 가이드북이 결코 아니다. 오히려 "스포츠 베팅의 본질을 제대로 이해하지 못한다면 돌이킬 수 없는 폐해를 입을 수 있기 때문에 매우 조심스럽게 스포츠 베팅을 접해야 한다"는 조언서에 더 가깝다. 이 책은 전문적·학술적 내용을 포함한 교양서로서 다양한 독자층을 대상으로 한다. 우선 스포츠 베팅 관련 사업을 준비하고 있는 일반 기업체뿐만 아니라 프로 및 아마추어 스포츠리그 관계자들, 스포츠 관련 전공 학생들, 연구자, 카지노/레저/여가 산업 관계자 및 정부 관계자, 스포츠 미디어 및 후원 기업의 사업 및 정책 개발 담당자들에게 유용한 안내서가 될 수 있다. 둘째, 불법 스포츠 베팅에 무차별적으로 노출되는 청소년들과 이들을 교육하는 학교 선생님 및 학부모들이 스포츠 베팅의 본질과 도박 중독 위험 요인들을 정확하게 이해하는 데 적절한 가이드 역할을 할 것이다. 마지막으로 스포츠 베팅 업체들의 다양한 고객 유치 및 시장 침투 전략을 소개함으로써 스포츠 베팅에 관심이 있는 일반 스포츠 팬들이 '잠재적 도박 중독의 위험'으로부터 스스로를 보호할 수 있는 최소한의 방어막을 치는 데 도움을 줄 것으로 기대한다.

필진을 대표하여

박성배.

contents

'어른이 없다'

어릴 적부터 방과 후 일명 '학원 뺑뺑이'에 익숙해진 한국 청소년들. 인스타그램을 비롯한 다양한 소셜 미디어 플랫폼에서 보호자 없이 행위의 옳고 그름을 판단하기 어려운 환경이 형성되고 그 안에서 그들만의 영웅이 만들어지고 추종자가 생긴다. 스포츠 베팅도 마찬가지다. 청소년들이 보호장치가 없는 온라인 환경에서 스포츠 도박에 무방비로 노출되어 있다. 오히려 이를 통해 돈을 버는 순간 나는 '우리들만의 세계'에서 주목을 받는다. 건강보험심사평가원에 따르면 10대 도박 중독 환자가 지난 5년간 2.6배 증가했으며, 이는 20~30대 환자 증가율을 웃도는 수치이다. 특히 10대 도박 중독에서 가장 큰 비중을 차지하는 것은 '스포츠토토'였으며 온라인을 통한 구매가 많았다고 한다.

'돈이 전부'

흥부와 놀부 중 놀부의 삶을 옹호하는 사회가 되었다. 운동선수들은 스포츠를 통해 인성, 협동심, 리더십, 헌신의 가치를 배우는 데 관심이 없다. 올림픽대회와 같은 국제무대에서의 성적을 올리는 과정보다, 그 성공이 가져올 결과인 경제적 부에 더 관심이 있다. 야구, 축구, 농구, 배구 선수들의 보이지 않는 노력보다는 그들이 프로팀에 들어가거나 해외리그로 이적하며 일명 '연봉 대박'을 터뜨리는 것에 더 관심을 가진다. 점점 더 많은 어린 선수들이 불법 스포츠 도박에 쉽게 빠지는 이유는 바로 돈을 많이 벌어 멋진 집과 스포츠카를 몰고 싶어 하는 욕망 때문이다. 물질만능주의를 자극하는 스포츠 상업주의는 이미 우리 삶에 깊숙이 퍼져 있다.

'도박=스포츠'라는 인식의 확산

도박에 대한 부정적 인식은 포커 대회가 스포츠 전문 채널에 방영되는 순간부터 줄어들기 시작했다. 미국의 스포츠전문 방송국인 ESPN에서 '월드시리즈 포커' 대회를 방영하자 이를 시청한 사람들은 '포커는 스포츠다'라는 인식을 하게 되었고 더 이상 '포커'라는 도박에 거부감을 보이지 않았다. 체스, 바둑, 장기와 같은 게임이 소위 마인드 스포츠라고 불리며 아시안게임 등 국제 스포츠 무대에 정식종목으로 이름을 올리는 가운데, 카드게임의 하나인 '브릿지'가 2022년 항저우 아시아게임에서 선보일 정도로 카드게임에 대한 인식이 바뀌어 가고 있다. 전통적인 도박 수단이던 카드게임이 스포츠로 인식됨에 따라 사람들의 기억 속에 스포츠와 도박에 대한 연계성이 강화되고, 이는 스포츠 베팅에 대한 거부감을 줄이는 효과를 가져올 수 있다.

'24/7/365' 제한 없는 도박으로의 접근 가능성

술이나 마약 같은 물질 중독은 물질을 끊음으로써 중독에서 벗어날 수 있다. 물론 금단현상으로 인해 쉽지는 않지만 중독의 근원이 되는 요인을 환자로부터 분리할 수 있다. 도박 중독도 과거에는 이런 방식이 가능했다. 자발적으로 혹은 가족 및 친지들의 요청으로, 도박 중독자의 카지노 입장을 금지할 수 있었다. 하지만 온라인 카지노의 등장으로 하루 24시간 1년 365일 내내 언제 어디서나 도박이 가능해졌다. 합법이든 불법이든 '카지노 입장 제한'은 더 이상 가능하지 않다. 한번 중독되면 통제 불능의 환경이 만들어진 것이다. 스포츠 베팅도 마찬가지이다. 합법 스포츠 베팅인 '스포츠토토'의 온라인 구매가 가능한 것은 물론, 셀 수 없는 불법 온라인 스포츠 베팅 사이트들이 전 세계 어딘가에서 열리고 있는 스포츠경기를 대상으로 스포츠 도박 중독자들의 접속을 24시간 기다리고 있다.

불법 스포츠 베팅 시장 양성화에서 경계해야 할 점은?

우리나라 불법 스포츠 베팅 시장의 규모는 합법 스포츠 베팅 시장의 약 6배 이상일 것으로 추정하고 있다. 체육진흥투표권 확대를 주장하는 스포츠행정가들, 학자들, 정치인들이 주로 사용하는 논리는 '불법 스포츠 베팅 시장의 양성화를 통한 암시장 퇴출'이다. 그렇다면 불법 스포츠 베팅 시장을 양성화하기 위해 '스포츠토토'를 확대하는 과정에서 경계해야 할 문제는 없을까?

'스포츠토토'의 확대 방안으로 주로 제시되는 것이 대상 종목의 확대와 사행산업 총량 제한의 완화이다. 하지만 이런 방법으로만 불법 스포츠 베팅 소비자를 합법 시장으로 유인할 수 있을지 의문이다. 사람들이 합법 스포츠 베팅인 '스포츠토토'를 두고 불법 스포츠 베팅을 이용하는 주요한 이유 중 하나는 불법 스포츠 베팅의 상품성이다. 경기의 승패, 최종득점 등을 맞추는 비교적 단순한 '스포츠토토'와 달리 불법 스포츠 베팅은 수많은 라이브 베팅을 통해 실시간으로 끊임없는 베팅이 가능하다. '스포츠토토'는 경기 시작 전 구매를 마쳐야 하고 경기가 다 끝나야만 결과를 알 수 있는 반면, 불법 스포츠 베팅은 경기 중에도 베팅과 결과의 확인이 가능한 상품을 제공하고 있어 끊임없는 자극과 빠른 보상을 원하는 스포츠 베팅 소비자에게 어필한다. 때문에 '스포츠토토'의 확대를 통해 불법 스포츠 베팅 소비자들을 합법 시장으로 유인하려면 '스포츠토토'의 상품 구성을 불법 스포츠 베팅과 유사하게 가져갈 수밖에 없다. 문제는 그럴 경우 불법 스포츠 베팅 시장의 축소를 어느 정도 유도할 수는 있겠지만 '스포츠토토'의 사행성이 강화될 수 있다는 것이다. 불법 스포츠 베팅 시장을 축소하기 위해 합법 스포츠 베팅의 사행성을 높이는 것이 기존 소비자들을 보호하는 데 어떠한 영향을 미칠 것인지에 대해서 심도 있는 논의가 필요하다.

'정부가 운영하는 스포츠 베팅 사업'은 정당한가?

정부는 '로또'와 더불어 스포츠 베팅으로 분류할 수 있는 '스포츠토토', '경륜', '경정', '경마' 사업을 관리/운영하고 있다. 정부는 '공식' 스포츠 베팅을 광고하면서 "건전한 여가 문화를 만들어갑니다"라는 캐치프레이즈를 내걸고 스포츠 베팅이 '정상normal'이라는 잘못된 시그널을 보낸다. 한편, '스포츠토토' 홈페이지에서는 '불법 스포츠 도박사이트 신고' 메뉴를 운영하며 스포츠 베팅이 '불법'이라는 메시지를 보낸다. 이러한 이중 메시지 속에 정부가 운영하는 '스포츠토토', 경륜, 경정은 합법인 반면 음지에서 운영하는 사설 스포츠 베팅 업체들은 불법이라는 논리는 스포츠 도박에 심취한 사람들을 설득할 명분이 약하다.

스포츠 리더의 상업적 성과지상주의

스포츠 단체 수장들의 임기는 정해져 있다. 정해진 임기 동안 리그의 발전을 위해 다양한 노력을 하며, 자신의 '성과'를 남기고자 한다. '스포츠토토'는 대상 종목으로 선택되면 해당 종목 '스포츠토토' 수익금 중 일부를 운영비 명목으로 해당 종목에게 돌려주고 있다. 운영 예산을 늘리는 것은 바로 리그 발전의 시발점이자 체감할 수 있는 가시적 성과이기 때문에 각 리그의 수장들은 '스포츠토토'의 대상 종목 확대 및 매출 총량제 제한을 풀어 기금 매출을 높이는 데 관심이 클 수밖에 없다. 안타까운 사실은 스포츠 조직을 이끄는 리더들이 '상업적 이득을 안겨줄 제도의 확대와 규제의 완화'에만 관심을 가질 뿐 '스포츠 베팅의 위험성 및 잠재적 피해자들을 보호할 수 있는 대책'에는 크게 개의치 않는다는 것이다.

스포츠 베팅 업체들은 일반 고객 10명 중 1명을 겨냥한다?

스포츠 베팅 업체들은 모든 스포츠 팬을 잠재적 고객으로 분류하지만 이들 중 약 10%에 해당하는 고객을 주요 타깃으로 삼아 강력하고 집중적인 마케팅 공격을 퍼붓는다. 특히 도박 중독에 쉽게 빠질 수 있는 일명 '도박 중독 위험군'에 속하는 사람들이 타깃이 된다. 아직 온전한 판단력을 갖추지 못해 도박 중독의 위험성을 인지하고 못하는 미성년자, 유소년 시절에 야구, 축구, 농구, 배구 등 팀 스포츠에 직접 참여한 경험이 있는 20~30대 초반의 남자들(스포츠 베팅 중독의 90% 이상이 20~30대 남자들이다), 충동성이 유난히 크거나 행위 강박증세를 보이는 사람들, 자기 절제력이 부족하거나 도박 환상에 빠진 사람들, 그리고 사회적으로 외면받아 무료함에서 탈출하려는 욕망이 강한 사람들이 여기에 해당한다.

스포츠 베팅 업체들은 이러한 '도박 중독 위험군'에 속한 잠재적 고객을 찾기 위해 상당한 노력을 한다. 그리고 목표 고객을 발견하는 순간 이들이 거부할 수 없을 정도의 다양한 혜택 -무료 베팅 머니, 무료 식사권, 다양한 스포츠 굿즈, 경품 추첨 기회 등-을 제공하고 어떻게든 이들을 도박 중독으로 유인하려 시도한다. 그러나 이들이 일단 도박 중독 경향을 보이게 되면 스포츠 베팅 업체들은 이들을 외면하기 시작한다. 왜냐하면 이들은 이미 돌아올 수 없는 강을 건넜다고 믿기 때문이다. 자기 수중에 가진 모든 현금을 탕진한 후 누가 시키지 않아도 알아서 부모, 형제, 친척, 친구들로부터 돈을 빌려 다시 스포츠 베팅을 할 것을 누구보다 잘 알고 있다.

'0.0001%', 스포츠 도박사로 성공할 확률

스포츠 베팅은 가끔씩 즐기는 여가다. 최근 미국 아마존에서 베스트셀러가 된 책이 있다. 『도박꾼: 위험천만한 삶의 비밀Gambler: Secrets from a Life at Risk』, 도박사들 사이에 살아있는 전설로 불리는 빌리 월터스Billy Walters의 자서전이다. 『뉴욕 타임스』 선정 베스트셀러인 이 책은 월드 포커 챔피언으로, 성공한 스포츠 도박사로 그가 겪어온 파란만장한 삶을 담고 있으며 많은 이들에게 영감을 주기도 했다. 하지만 빌리 월터스가 자서전을 통해 진정으로 말하고 싶은 건 바로 이 문장이다. "스포츠 도박사로 살아남을 확률은 0.0001%에 지나지 않는다. 스포츠 베팅을 하는 1만 명 중에 단 한 사람만이 지속적인 수익을 낼 수 있다."

다시 말해서, 스포츠 베팅을 돈을 버는 수단으로 삼기보다는 가끔씩 즐기는 여가활동의 한 종류로 인식을 해야 한다는 것이다. 세계를 떠들썩하게 만든 포커 챔피언 대부분이 왜 스포츠 도박 대신 카지노를 운영하는가를 생각해 보라. 영화에서 보는 성공한 전문 스포츠 도박사는 세상에 존재하지 않는 허상일 가능성이 크다.

'도박이라는 행위'에 중독된 좀비의 등장

보통사람들은 승부에 이겼을 때 두뇌에서 도파민이 나와 기쁨과 즐거움을 느낀다. 하지만 도박 중독자들은 승리나 패배보다 행위 자체에 즐거움을 느낀다. 이기든 지든 관계없이 도박이라는 행위 자체를 하는 데서 쾌감을 느낀다. 마치 좀비의 삶처럼 말이다. 그들은 영혼 없는 표정을 한 채 자신도 모르게 카지노 슬롯머신 앞에서 쉬지도 않고 버튼을 누르는 행위를 반복할 뿐이다. 도박을 하는 사람 5,500명을 대상으로 한 조사에서 도박을 하는 가장 강력한 요인은 '큰돈을 벌 기회에 대한 기대'였으며, 다음으로 '재미'와 '흥분'이 뒤를 이었다. 도박행위에 중독이 되면 돈을 잃고 있더라도 도박을 하는 동안 그의 신체에선 아드레날린과 엔도르핀이 생성되어 도박 자체로 쾌감을 느낀다. 전설적인 도박사인 빌리 월터스는 이렇게 말했다. "도박에서 느낄 수 있는 가장 큰 스릴은 큰돈을 걸고 이기는 것이다. 다음으로 큰 스릴은 큰돈을 걸고 지는 것이다."

스포츠 베팅 중독 증세를 보이기까지 걸리는 시간은?

"스포츠 베팅을 정기적으로 하면 평범한 일반인도 도박 증세를 보일까?"라는 질문을 종종 받는다. 충동성이 낮고, 경쟁심이 높지 않으며 자기 절제력이 매우 클 경우 도박 중독 가능성이 작을 수 있다. 하지만 적은 금액으로 매일 스포츠 베팅을 하게 할 경우 3년 반이 지나면 일반인도 도박 중독 증세를 경험할 수 있다는 연구 결과가 있다. 스포츠 베팅으로 소위 '대박'이 나거나 반대로 '쪽박'이 나서 돈을 다 잃더라도 스포츠 베팅에 반복적이고 지속적으로 노출될 경우 '행위중독'이라는 위험한 상황에 빠질 수 있다. 스포츠 베팅을 즐기는 고객들은 이러한 도박행위중독 증세를 경험하기까지 3년 반이면 충분하다는 사실을 반드시 인식해야 한다.

노동가치 및 근로 의욕의 상실

스포츠 베팅 수입이 근로소득을 넘을 경우 노동의 가치 및 근로 의욕을 상실할 수 있다. 최승리(가상인물)는 중소기업에 다니는 평범한 직장인이다. 어느 날 심심풀이로 한 스포츠 베팅 게임에서 월급의 반에 해당하는 잭팟을 터뜨렸다. 그 기쁨을 나누기 위해 친구들을 초대해 멋진 저녁 식사를 대접하며 즐거운 시간을 보냈다. 이날 이후 스포츠 베팅에 대한 생각이 머리에서 떠나지 않았다. 한편으로 그가 몇 년 동안 다니던 직장과 업무에 대해 회의적인 생각이 들기 시작했다. "내가 스포츠 베팅 한 게임만 잘해도 한 달 월급을 벌 수 있을 거야"라는 생각이 드는 순간부터 업무에 대한 의욕은 조금씩 사라졌고 시간이 지나면서 그의 고과점수는 낮아졌다. 승진에 실패함은 물론이고 직장 상사 및 동료들과의 관계도 멀어졌다.

'~ 때문에' 라는 귀인 오류Attribution Error

사람은 불행한 일을 당하면 그 원인을 찾아 탓한다. 특히 자신의 책임보다는 외부 요인-다른 사람이나 환경 등-을 불행의 근본적인 원인으로 치부하고 이에 대한 불만을 갖게 된다. 이러한 귀인 오류는 스포츠 베팅 행위에서도 종종 나타난다. 자신이 베팅한 팀의 선수가 실수로 골을 넣지 못해 경기에 져서 베팅 금액을 날릴 경우를 생각해 보자. 이렇게 돈을 날린 사람은 경기 결과에 영향을 미치는 다양한 요인이 있음에도 불구하고 스포츠 베팅으로 인한 손해의 원인을 전부 골을 넣지 못한 선수의 탓으로 여기고 이 선수에 대한 불만과 심지어 증오를 느끼게 된다.

북미에서는 이러한 행태를 보이는 사람을 '성난 도박꾼Angry Bettor'이라고 부르는데, NCAA(미국대학스포츠연맹)가 진행한 연구에 따르면 이와 같은 성난 도박꾼들의 비난과 폭언이 대학선수들을 향한 소셜 미디어상의 괴롭힘 중 가장 빈번한 사례로 나타났다. 해당 연구에 따르면 이러한 온라인 괴롭힘은 대학스포츠의 결승전이 열리는 3월에 집중되어 있으며, 여자 선수들이 남자 선수들보다 약 59% 더 많은 괴롭힘 메시지를 받는 것으로 나타났다. 심지어 스포츠 베팅에서 인기가 많지 않은 소프트볼과 같은 종목에서도 성난 도박꾼들의 선수 괴롭힘이 종종 일어나고 있는 것으로 조사되었다.

성난 도박꾼들이 벌이는 선수 괴롭힘의 심각성은 스포츠 베팅 산업에서도 인지하고 있으며 이를 제도적으로 예방하려는 조치도 시행되고 있다. 예를 들어 뉴욕에서 스포츠 베팅을 할 경우 뉴욕에 속한 구단, 예를 들면 뉴욕 양키스에는 베팅을 할 수 없도록 제도적으로 금지하고 있다. 이러한 제도는 뉴욕 양키스 경기에 베팅을 한 후 큰 손해를 본 사람이더라도 선수들을 직접 찾아와 해코지를 쉽게 할 수 없게 한다.

행동의 오류Action Bias

축구경기에서 페널티 킥을 막아야 하는 골키퍼를 상상해보자. 골키퍼가 페널티 킥을 차는 선수의 움직임에 앞서 자신의 왼쪽 또는 오른쪽 중 한쪽을 선택해 몸을 날리는 장면을 쉽게 떠올릴 수 있다. 실제로 한 연구(Bar-Eli et al., 2007)에 의하면, 골키퍼가 왼쪽과 오른쪽 중 한쪽으로 몸을 날릴 확률은 93.7%였으며, 오직 6.3%만 가운데에 서 있었다. 하지만 흥미로운 점은 상대편 선수가 페널티 킥을 차는 방향은 왼쪽 32.2%, 가운데 28.7%, 오른쪽 39.2%로 세 방향이 거의 비슷한 비율을 보였다는 것이다. 페널티 킥을 막을 확률은? 가운데 서 있을 때가 가장 높았다.

골키퍼의 이러한 결정은 '행동의 오류'로 설명할 수 있다. 행동의 오류란, 행동을 취하는 것이 같은 결과나 심지어 더 안 좋은 결과가 예상되더라도 가만히 있는 것보다 행동하는 것이 낫다고 생각하는 경향을 뜻한다. 실제로는 같은 실패라 하더라도 아무것도 하지 않았을 때 마주하는 실패가 무언가 했을 때 마주하는 실패보다 더 뼈아프게 느껴진다는 것이다. 스포츠 리그의 수장들은 취임하면 하나같이 해당 종목을 '스포츠토토' 대상 종목으로 만들겠다는 청사진을 내건다. 과연 '스포츠토토'의 대상 종목이 되는 것이 비대상 종목으로 있는 것보다 나은 선택일까? 뭔가 해야만 한다는 행동의 오류에 빠진 것은 아닐까?

'스포츠토토'의 베팅 제한은 왜 필요한가?

'스포츠토토'는 회차별로 오프라인에서 10만 원, 온라인에서 5만 원까지만 베팅을 할 수 있도록 규제하고 있는데, 이는 사람들이 베팅 제한이 없는 불법 스포츠 베팅에 더 끌리는 이유 중 하나로 꼽히고 있다. 일각에서 '스포츠토토'의 베팅 제한을 완화해야 한다는 주장을 계속 제기하고 있는 이유이기도 하다. 그렇다면 '스포츠토토'의 베팅 제한은 왜 필요할까?

사람은 행위에 대한 보상의 크기에 익숙해지는 경향이 있다. 이는 스포츠 베팅에서 돈을 땄을 경우 다음에 같은 수준의 흥분이나 쾌감을 느끼기 위해서는 더 많은 돈을 걸어야 한다는 것을 의미한다. 베팅 제한이 이루어지지 않으면, 스포츠 베팅 행위에서 얻는 보상의 크기를 늘리기 위해 베팅 금액을 점점 더 늘리게 되고 이는 중독으로 이어질 수 있다. 한편, 도박을 하는 사람들은 자신이 돈을 잃었을 때 이를 다음번에 만회하고자 하는 경향이 있다. 이를 '손실 만회 행동Chasing Behavior'이라고 하는데, 스포츠 베팅에서 돈을 잃었을 때 베팅 제한이 없으면 이전 손해를 만회하기 위해 더 많은 돈을 거는 것이 반복될 위험이 이에 해당한다. 다시 말해, 스포츠 베팅을 통해 돈을 따든 잃든 다음번에는 더 많은 돈을 걸게 될 위험이 있다는 것이다. '스포츠토토'의 베팅 제한은 개인의 베팅 충동을 억제해 중독에 이르는 것을 막는 일종의 물리적 안전장치라고 할 수 있다.

비합리적 도박 신념

스포츠 베팅을 하는 사람 중 특히 이길 확률이 적은 위험한 베팅을 하는 것을 선호하는 사람들을 볼 수 있다. 이들은 돈을 매번 돈을 잃으면서도 왜 다시 위험한 베팅을 할까? 문제성 도박행위를 보이는 사람들은 자신의 도박을 적절하게 통제할 수 없는 인지적 왜곡을 갖고 있기 때문이다. '비합리적 도박 신념'이라고 불리는 이 개념은 도박의 과정에 미칠 수 있는 영향이나 결과에 대한 합리적이지 않은 기대나 사고를 의미한다. 이러한 인지적 왜곡은 스포츠 베팅의 보상과 위험을 잘못 평가하게 한다. '도박사의 오류Gambler's Fallacy'는 대표적인 비합리적 도박 신념의 하나이다.

시즌 타율이 3할 3푼 3리인 타자가 있다고 하자, 어느 경기에서 이 타자가 앞선 두 번의 타석에서 안타를 치지 못했다면 세 번째 타석에서는 안타를 칠 확률이 커질 것인가? 도박사의 오류는 각 도박의 시행이 독립적이라는 것을 무시하고, 앞선 도박의 결과가 다음 도박에 영향을 미친다고 생각하는 오류이다. 도박문제를 가지고 있는 사람일수록 도박에서 연속으로 돈을 잃었을 때 다음번 도박에서는 돈을 딸 확률이 커진다는 착각, 다시 말해 인지적 오류에 빠지기 쉬운 경향이 있다. 이외에도 실제로 통제할 수 없는 상황을 통제 가능하다고 믿는 통제의 환상Illusion of Control, 특정한 행동이 승률을 높인다는 미신 등도 비합리적 도박 신념의 일종이다. 이러한 비합리적 도박 신념은 문제성 도박자들이 지속되는 손실에도 불구하고 승리에 대한 잘못된 기대를 품고 도박행위를 지속해 중독에 이르는 과정을 설명해 준다.

더닝-크루거 효과Dunning-Kruger Effect란?

더닝-크루거 효과는 특정 분야에 대해 역량이 부족하지만 자신의 능력을 과대평가하는 인지적 편향을 말한다. 과거 월드시리즈 포커 대회 우승자이자 스포츠 베팅의 전설이라고 불리는 빌리 월터스는 스포츠 베팅으로 성공하는 사람은 0.0001%에 불과하다고 말했다. 하지만 스포츠를 좋아하는 많은 스포츠 팬들은 어느 정도의 연구와 노력을 한다면 스포츠 베팅에서 이길 수 있다고 믿는다. 이러한 사람들은 카지노 및 스포츠 베팅 업체들의 먹잇감이 된다. 카지노와 스포츠 베팅 업체들은 경기 기록에 대한 데이터를 무료로 팬들에게 제공한다. 더닝-크루거 효과에 빠진 팬들은 이러한 사실을 모른 채(승리에 대한 부푼 희망을 갖고) 카지노로부터 받은 무료 데이터를 활용해 자신만의 노하우로 열심히 분석하지만 대부분의 경우 재정 파탄을 경험하게 된다.

'초심자 행운'의 오류를 조심하라

어떤 분야에 막 입문한 초보자가 일반적인 확률 이상의 성공을 거두는 경우 이를 '초심자의 행운Beginner's Luck'이라 부른다. 두 친구(영식과 영호)가 있다. 영식은 스포츠에 대해 관심이 없을 뿐만 아니라 아무런 지식도 없다. 반면 영호는 스포츠경기 분석을 오랜 취미로 즐기며 살아온 탓에 주변에서 '스포츠 베팅 전문가'라고 부른다. 영식과 영호 중 누가 더 승률이 높을까? 예상과 달리 영호는 스포츠 베팅에서 큰 손해를 보는 반면 오히려 '스포츠토토'에 문외한인 영식이 처음 하는 스포츠 베팅에서 횡재하는 경우가 발생한다. 이를 두고 '초심자의 행운'이라고 부른다. '초심자의 행운'은 말 그대로 '행운'일 뿐 자신의 실력과 별개라는 사실을 잊지 말아야 한다.

'월요일 오전 쿼터백Monday Morning Quarterback'이 되지 마라!

미국의 인기스포츠인 미식축구의 쿼터백은 팀의 전술을 지시하고 실행하는 필드의 야전사령관으로 경기의 결과에 큰 영향을 미치는 포지션이다. 미식축구 경기는 주로 일요일에 열리는데 월요일 오전이면 전날 있었던 경기에 대해 어떠한 점이 잘못되었으며, 이렇게 했어야 이겼을 것이라는 등 훈수를 늘어놓는 사람을 '월요일 오전의 쿼터백'이라고 부른다. 이렇게 유래된 표현은 이미 일어난 사건의 결과를 아는 상태에서 자신이 더 나은 방법을 알고 있으며 자신이 했으면 달랐을 것이라는 식으로 얘기하는 사람을 빗대는 말로 쓰이고 있다.

사건이 일어나기 전에 미래를 예측하는 것과 사건의 결과를 알고 이를 해석하는 것은 완전히 다르다. 사람들은 경기 결과를 아는 상태에서 스포츠 베팅의 결과를 보면 자신의 베팅이 왜 틀렸는지를 알 수 있다. 하지만 과거 스포츠 베팅 실수의 원인을 파악했더라도 이것이 미래의 베팅 성공을 보장하지 못한다. 이것이 바로 '월요일 오전의 쿼터백'의 핵심 개념이고 스포츠 베팅 업자들이 즐겨 사용하는 꼼수라고 할 수 있다.

니어 미스 효과Near-Miss Effect란?

니어 미스 효과는 도박 상황에서 일어나는 인지적 왜곡 현상 중 하나로 도박을 하는 사람이 이기는 결과에 매우 근접한 결과로 지는 상황을 승리에 가까웠다고 '인식'함으로써 도박행위를 지속하게 하는 효과를 말한다. 어떤 사람이 슬롯머신을 했는데 잭팟Jackpot인 '777'과 유사한 '776'이 나왔다고 하자, 이 사람은 이 결과를 단순히 게임에서 진 상황으로 받아들이지 않고 '잭팟에 거의 가까웠네. 다시 해보면 될 것 같은데?'라고 해석하면서 도박을 계속하게 된다는 것이다. 행위자의 기술에 의해 결과가 가려지는 게임과는 달리, 결과가 순전히 또는 대부분이 운에 달린 도박의 경우 이러한 '니어 미스'는 이어지는 도박의 결과에 아무런 영향을 미치지 못한다. 그런데도, 도박하는 사람은 니어 미스를 통해 자신이 도박의 결과를 만들어 낼 수 있다는 '통제의 환상Illusion of Control'에 사로잡혀 도박행위를 지속하게 된다.

확증편향Confirmation Bias이란?

확증편향은 자신이 이미 믿고 있는 것을 지지하거나 확인해주는 정보를 찾고, 선호하며, 기억함으로써 자신의 기존 믿음을 더욱 강화하는 경향을 뜻한다. 스포츠 베팅에 심취하는 사람들은 자신이 스포츠경기 결과를 잘 맞히며 스포츠 베팅에 소질이 있다고 믿는다. 그들은 자신의 과거 베팅 경험 중 돈을 크게 땄던 경험들은 오래 기억하고 되새기지만, 돈을 잃었던 경험은 쉽게 잊어버리곤 한다. 돈을 잃는 경우가 따는 경우보다 더 많음에도 불구하고 돈을 땄던 경험만이 강하게 기억에 남기 때문에 자신이 경기 결과 예측을 잘한다는 기존의 믿음을 더욱 강화하는 것이다. 이러한 확증편향은 도박 중독을 심화하는 요인이 되기도 한다. 앞서 살펴본 '초심자의 행운'도 이러한 확증편향의 일종으로 해석할 수 있다.

풍선효과와 입구 효과(혹은 기관차 효과)란?

합법 스포츠 베팅인 '스포츠토토'와 소위 사설 토토라고 불리는 불법 스포츠 도박은 어떤 관계일까? 풍선효과와 입구 효과는 합법 스포츠 베팅과 불법 스포츠 도박 간의 관계를 설명하는 데 흔히 사용되는 개념이다. 풍선효과는 합법 스포츠 베팅과 불법 스포츠 도박을 대체관계로 보는 것으로 풍선의 한 쪽을 누르면 다른 쪽이 부풀어 오르는 것처럼 합법 스포츠 베팅에 대한 규제가 불법 스포츠 도박 시장의 확대를 초래한다는 것이다. 풍선효과는 사행산업 매출 총량제와 같은 강력한 시장 규제에 대한 완화를 촉구할 때 주로 쓰이는 논리로, 합법 스포츠 베팅 산업의 규제를 완화를 주장하는 사람들은 합법 시장의 규제 완화를 통해 불법 시장에 있는 자금이 합법 시장으로 유입되어 양성화될 수 있다고 주장한다. 한편, 입구 효과는 합법 스포츠 베팅과 불법 스포츠 베팅을 보완관계로 보는 것으로 합법 스포츠 베팅이 불법 스포츠 베팅으로 이용자를 유도해 불법 시장을 확장하는 입구 역할을 한다는 것이다. 입구 효과는 기관차 효과라고도 불리는데 기관차가 열차를 끌고 가듯이 합법 시장이 불법 시장으로 이용자를 유입하는 역할을 하는 것에 대한 비유이다. 입구 효과는 스포츠 베팅 자체의 금지를 주장하는 사람들의 논리로, 이들은 불법 시장이 합법 시장을 모태로 해 생겨났으며 합법 시장에서 충족되지 못한 수요가 불법 시장으로 유입된다고 주장한다. 2013년 미국 워싱턴주와 콜로라도 주에서 (담배와 같이) 여가용 대마초를 합법화한 후, 일반인들은 대마초에 쉽게 접근하게 되었을 뿐만 아니라 대마초 중독자들은 더욱 강력한 환각제를 원하게 되었다 (입구 효과). 시간이 지날수록, 심각한 마약중독 증세를 보이는 미국인들은 빠른 속도로 증가했고 '대마초가 합법'이라는 믿음은 새로운 고객들을 끊임없이 대마초 시장으로 유인하는 결과를 낳았다.

Part 1

스포츠와 스포츠 베팅

1 스포츠와 도박, 그리고 스포츠 베팅

"베팅은 처음부터 스포츠의 일부분이다Betting is part of sport since the beginning"*

스포츠 베팅Sports Betting은 스포츠와 관련된 것에 돈을 거는 도박의 한 가지 형태로 스포츠 도박Sports Gambling이라고도 불린다. 도박은 가치 있는 무엇인가를 어떠한 대상의 결과에 걸고 승부를 겨루는 것으로 인류의 역사와 함께해온 오랜 행위이다. 도박이 인류의 초기부터 있었던 만큼 스포츠를 대상으로 하는 도박 또한 스포츠의 출현과 동시에 시작되었을 것으로 추정된다. 기원전 4000년부터 고대 이집트인들은 주사위나 보드게임을 이용한 도박과 더불어 전차 경

* International Olympic Committee, 2010

주, 펜싱과 같은 경기에 돈을 걸고 내기를 했으며, 기원전 800년경 고대 올림픽이 시작되었을 때도 스포츠 베팅이 이루어졌다는 기록이 존재한다.

고대 로마 시대는 주사위를 사용한 도박을 필두로 다양한 도박이 성행했는데, 비록 적극적으로 단속하지는 않았지만 도박행위를 형식적으로나마 금지하려는 법적 제재가 존재했다. 하지만 사람이 경쟁하는 행위에 대해 돈을 거는 행위, 다시 말해 스포츠 베팅은 이러한 형식적인 법적 금지에서도 완전히 면제되었다. 이는 고대 로마 후기에 도박에 대한 법적 제재가 강화되던 시기에도 다르지 않았는데, 순전히 운에 따르는 주사위 같은 도박과 달리 스포츠 베팅은 불법이 아니었음은 물론 도덕적으로도 비판의 대상이 되지 않았다. 고대 로마의 문화를 다룬 역사학자 제리 토너Jerry Toner의 저서에 따르면, 스포츠 이벤트와 같이 '인간의 힘을 겨루는 것Contests of Strength'을 대상으로 돈을 거는 것은 상대적으로 소규모로 이루어졌으며, 오늘날과 같은 조직적인 스포츠 베팅 산업은 존재하지 않았던 것으로 추정된다.[1)] 때문에 다른 도박과 달리, 당시 스포츠 베팅은 '신사의 게임Gentleman's Game'으로 친구들 간에 사적으로 이루어지는 유흥 정도로 여겨졌던 것으로 보인다.

고대 로마 시대 스포츠 베팅에 대한 관대함은 기록으로도 남아있는데, 도박에 관한 법령인 '레게스 코르넬리아leges Cornelia', '티티아Titia', '퍼블리시아Publicia'에는 올림픽 스포츠였던 달리기, 멀리뛰기, 창던지기, 레슬링, 권투를 포함한 '사내다움의 경쟁Contest of Manhood'은 도박 금지의 예외로 한다는 규정이 구체적으로 명시되어 있다.[2)] 이러한 법적 예외는 당시 인기 있는 스포츠였던 전차 경주와 검투사 경기에도 스포츠 베팅이 합법적으로 이뤄졌음을 짐작할 수 있게 한다. 앞서도 언급했듯이 당시 스포츠 베팅은 다른 도박과 달리 조직화된 산업의 양상은 아니었으며 사적인 내기가 주를 이뤘던 것으로 추정된다. 다만, 서기 1세기 말 무렵에는 하루에 전차 경주가 100번까지도 열렸으며, 베팅이 과열되기도 했다는 기록 또한 존재하는 만큼, 제한된 역사적 자료만으로 당시 스포츠 베팅의 성격을 단정하기는 어렵다. 그럼에도 불구하고 스포츠경기에 돈을 거는 행위가 다른 도박과는 달리 공공연하게 허용되었다는 점에서 사행 행위로서 특별한 지위를 부여받았으며 대중의 인식 또한 일반 도박행위와는 분명히 구별되었던 것으로 보인다.

스포츠가 시작부터 도박의 대상이 되어온 이유는 명확하다. 스포츠가 가지고 있는 본질적 요소 중 하나인 결과의 불확실성Uncertainty of Outcome 때문이다. 스포츠는 경기가 끝나기 전까지 누가 승리할지 모르며, 시즌이 끝날 때 누가 우승할지 누구도 확신할 수 없다. 우승 경쟁을 하는 강팀이 하위권에서 허덕이는 약체 팀에게 지기도 하며, 시즌 전에 우승확률이 0.004%에 불과했던 팀이 우승하기도 한다.* 이러한 스포츠가 가진 결과의 불확실성이 팬들이 열광하는 이유이기도 하며,

* 2015~16 시즌 잉글랜드 프리미어리그의 우승팀인 레스터 시티의 리그 우승확률로, 시즌 시작 전 유명 스포츠 베팅 업체인 영국의 Ladbrokes와 William Hill이 예측한 레스터 시티의 우승 배당률은 무려 5,000대 1이었다.

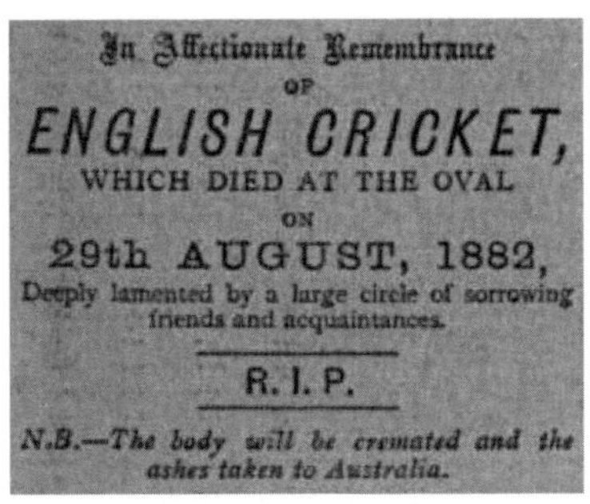
In Affectionate Remembrance
OF
ENGLISH CRICKET,
WHICH DIED AT THE OVAL
ON
29th AUGUST, 1882,
Deeply lamented by a large circle of sorrowing friends and acquaintances.
R. I. P.
N.B.—The body will be cremated and the ashes taken to Australia.

1882년 9월 2일 자 영국의 스포츠 신문 The Sporting Times에 실린 잉글랜드와 호주 대표팀의 크리켓 경기 결과

동시에 도박사들이 스포츠 베팅에 관심을 가질 수밖에 없는 이유이기도 하다.

그렇다면 스포츠 베팅이 역사적으로 주사위나 카드게임 같은 다른 도박과 다르게 여러 규제에서 예외가 되는 등 특별한 대우를 받았던 이유는 무엇일까? 바로 스포츠경기 결과의 예측 가능성, 정확하게 말하자면 예측 가능하다고 믿는 신념 때문이다. 카지노에서 흔히 볼 수 있는 룰렛이나 슬롯머신 등은 순전히 운에 승패가 달려있으며, 카드게임들도 도박사의 개입보다는 운에 의한 결정요인이 훨씬 크다고 알려져 있다. 하지만 스포츠 베팅은 과거의 경기 결과, 팀과 선수의 정보 등을 분석해 결과를 예측할 수 있다는 '인식'이 강하다.

로또를 살 때 어떤 번호가 나올 확률이 높을지를 분석해 번호를 고르는 사람은 없다. 하지만 '스포츠토토'를 산다면 최근 경기 결과와 최신 팀 뉴스를 찾아보고 어느 팀이 이길지 분석하는 것이 이상하게 여겨지지 않을 것이다. 실제로 19세기 영국에서도 스포츠 베팅은 정

보의 취득과 분석 기술이 운보다 더 큰 결정요인이라는 시각이 있었으며, 이러한 인식을 반영하듯 경마를 중심으로 이전 경기 결과와 기록 등을 담은 스포츠 신문이 성황리에 발행되기도 했다.* 이처럼 스포츠 베팅에서 승리하는 데 돈을 거는 사람의 기술, 즉 경기의 승패를 예측하는 능력이 작용할 수 있다는 믿음은 스포츠 베팅을 단순한 운에 돈을 거는 다른 도박과 달리 '개인의 노력과 능력에 의해 성취할 수 있는 어떤 것'으로 보이게 하며 스포츠 베팅의 사행성을 낮추는 효과가 있다. 이와 같은 스포츠 베팅의 사행성에 대한 시각은 과거 그리스, 고대 로마 시대부터 현재에 이르기까지 스포츠 베팅을 여느 도박과 다른 '특별한 도박'으로 보이게 하고 있다.

결과의 불확실성이라는 내재적 특성 때문에 그 시작부터 내기의 대상이 되었던 스포츠. 그리고 그것을 대상으로 돈을 거는 스포츠 베팅이 결과를 예측할 수 있다는 믿음 때문에 다른 사행 행위와 다르게 대접을 받는다는 것은 아이러니한 일이 아닐 수 없다.

* 『Sporting Life』(1859년 창간, 1998년 폐간), 『The Sporting Times』(1865년 창간, 1932년 폐간), 『The Sportsman』(1865년 창간, 1924년 폐간) 등이 그 당시에 발간된 대표적 스포츠 신문들로 경마와 경견greyhound racing 등 스포츠 베팅과 관련된 종목의 기사를 주로 다루었다.

2

스포츠와 스포츠 베팅의 갈등: 영국의 풀즈 전쟁Pools War

역사적으로 스포츠와 도박은 도저히 떼려야 뗄 수 없는 관계였지만 그 관계가 항상 좋았던 것은 아니다. 지금은 산업적으로 스포츠와 스포츠 베팅이 끈끈한 공생관계를 맺고 있지만, 체계화된 리그-현재와 같은 스포츠리그-가 등장하던 시기에는 스포츠 조직과 스포츠를 이용하려는 베팅 업체 간에 첨예한 갈등이 나타나기도 했다. 영국의 축구 리그Football League와 스포츠 베팅 업체 간의 분쟁이 대표적인 사례이다.

축구경기의 결과를 예측하는데 돈을 거는 도박을 일컫는 풀즈pools라는 단어에 착안해 '풀즈 전쟁Pools War'이라고 불리는 이 분쟁의 시작은 1920년대 초로 거슬러 올라간다. 1888년 창설된 영국 축구 리그는 제1차 세계대전이 끝나고 3부 리그가 출범할 만큼 영국 최고의 인기 스포츠로 자리 잡고 있었다. 이와 같은 축구 리그의 인기는 축구를

1950년 영국의 Oswestry에 개점한 리틀우즈 매장에 모인 군중

대상으로 하는 스포츠 베팅으로 이어졌다. 축구 인기가 유독 높은 맨체스터에 1923년 버논Vernon이라는 축구도박회사가 설립된 데 이어, 이듬해에는 축구에 대한 열기라면 뒤지지 않는 리버풀에도 리틀우즈Littlewoods라는 축구도박회사가 생기게 된다. 축구 리그의 인기만큼 축구 베팅업도 성황을 이루어 1930년대 중반에는 축구도박업체가 약 30개, 축구 베팅을 하는 사람이 약 천만 명에 이르렀으며, 축구도박업계의 매출은 2천만 파운드에 달했다.*

당시 축구 리그는 높은 인기에도 불구하고 많은 팀이 재정적으로 어려웠다. 축구계에서는 도박업체들이 축구 리그의 경기를 이용해 손쉽게 돈을 벌고 있으며, 팬들이 구단에 써야 할 돈이 스포츠 베팅으로

* 이는 인플레이션을 감안할 때 2024년 기준으로 약 16억 4천만 파운드에 달하는 것으로 한화로는 약 3조 원이다.

빠져나가고 있다는 비판적 시각이 있었다. 1935년 12월 축구 리그 운영위원회Football League Management Committee는 "축구 리그의 일정은 저작권이 있는 것으로 이를 이용해 사업을 하는 축구도박 업계로부터 사용료를 받아야 한다"고 주장하며 법적 대응을 시사하기에 이르렀다. 반면, 축구도박 업계를 대변하는 기구인 축구도박 프로모터 협회Football Pools Promoters' Association는 리그 일정을 스포츠 베팅에 사용하는 것은 "저작권 위반에 해당하지 않는다"고 맞섰다.

1936년 2월 축구 리그 운영위원회는 축구도박에 대한 대응 차원에서 기존 축구 일정표를 무효화하고 경기가 열리기 이틀 전에 상대팀을 공개하는 방식을 도입하기로 결정한다. 어느 팀이 누구와 경기를 하게 될지 경기에 임박해서 알려줌으로써 축구도박업체의 영업을 방해하는 것이 목적이었지만, 이러한 결정은 축구팀들의 운영과 팬들의 축구 관람에 큰 불편을 초래하는 부작용을 낳고 말았다. 한편, 축구도박업체들은 홈팀만 기재된 베팅 용지를 인쇄하거나 몰래 빼돌린 일정을 이용하는 등의 방식으로 축구 리그의 전략을 무력화했다. 축구팀들과 팬들의 비난이 높아지는 가운데 경기 일정에 대한 혼선으로 입장 수익마저 급감한 반면, 정작 축구도박 업체들에게는 큰 피해를 주지 못하자 축구 리그는 같은 해 3월 풀즈 전쟁을 시작한 지 불과 2주 만에 기존의 일정표대로 리그를 진행한다고 발표하며 백기를 들었다.

축구 리그가 풀즈 전쟁을 시작한 배경에는 축구도박으로 인해 승부 조작 등 스포츠의 진정성Integrity이 위협받을 수 있다는 경계심이 깔려 있었으며, 스포츠에서 도박이라는 부정적 요소를 완전히 제거해야 한다는 견해에 공감대가 형성되어 있었다. 이는 축구도박업체들이 풀즈 전쟁의 승리 이후 부상 선수 지원 및 교육을 목적으로 하는 펀드 조성 등 자발적으로 재정적 기여를 하겠다는 제안을 했음에도 축구 리그가 이를 번번이 거절했다는 점에서 알 수 있다.* 또한, 1947년 선수노조Players' Union가 축구를 이용한 스포츠 베팅의 이익을 축구계로 끌어오기 위해서 '국영 축구도박National Football Pools'을 도입하자는 의견을 냈을 때, 당시 축구 리그 회장이던 윌리엄 커프William Cuff가 축구도박을 '사회악Social Evil'이라고 비난하며 이를 거절했다는 사실에서도 확인할 수 있다.

축구 리그의 도박 업계와의 거리 두기는 1950년대까지 이어졌다. 1956년 저작권법Copyright Act(1956)이 영국 의회에 의해 제정됨에 따라 축구 리그는 도박 업계를 상대로 축구 경기 일정에 관한 저작권 소송을 시작하게 되었다. 1959년 축구도박 프로모터 협회는 매년 총 매출액의 0.5%를 잉글랜드와 스코틀랜드 축구 리그에 지불하기로 합의하고 오랜 분쟁을 마무리했다.

스포츠는 부단한 훈련과 노력을 통해 경기력을 키우고, 공정한 규칙 아래 정정당당하게 승부를 가린다는 가치를 추구한다. 반면 스포츠 베팅은 비록 리그 또는 구단에 재정적 기여의 수단으로 활용될 수 있지만, 스포츠 정신이 추구하는 본질적 가치에는 반하는 것이다. 영

* 1938년 축구도박 프로모터 협회는 부상선수 지원과 교육 제공을 위해 주빌리 펀드(Jubilee Fund)에 연간 5,000파운드를 기부하겠다는 의사를 전달했으며, 1945년에는 10만 파운드를 제안했으나 축구 리그로부터 거절당했다.

국에서 벌어진 풀즈 전쟁은 스포츠의 진정한 가치를 옹호하는 연맹과 스포츠경기를 통해 수익을 달성하려는 도박업자들 간의 가치충돌을 보여준 대표적 사례라고 할 수 있다.

3

스포츠 베팅의 위협: 블랙 삭스 스캔들Black Sox Scandal

스포츠가 가진 '결과의 불확실성'이라는 특성은 팬들이 스포츠에 열광하는 가장 큰 이유 중의 하나이자 스포츠의 본질이라고 할 수 있다. 또한, 이 결과의 불확실성은 스포츠가 베팅의 소재로 각광받는 이유이기도 하다. 하지만 만약 스포츠경기의 결과를 조작할 수 있다면? 그 스포츠 베팅은 무조건 이기는 도박이 될 것이다. 1919년 미국 메이저 리그에서 벌어진 승부 조작Match-Fixing 사건, 소위 '블랙 삭스 스캔들Black Sox Scandal'은 스포츠 베팅이 스포츠에 미칠 수 있는 치명적인 악영향을 보여주는 대표적 사례이다. 1919년 월드 시리즈에 진출한 시카고 화이트 삭스Chicago White Sox의 선수 여덟 명이 스포츠 도박 조직으로부터 돈을 받는 대가로 고의로 경기에 져서 상대 팀인 신시내티 레즈Cincinnati Reds를 우승하게 만든 이 사건은 미국 프로야구 역사상 최악의 사건으로 꼽힌다.

1900년대 중반까지만 하더라도 메이저 리그 선수들은 지금처럼 높은 연봉을 받지 못했다. 당시 메이저 리그에는 '선수 보유 조항Reserve Clause'이라는 것이 존재했는데, 이는 소속팀과 계약을 거부한 선수가 다른 팀과 계약을 맺는 것을 금지하는 조항으로 다른 팀으로 이적하기 위해서는 반드시 현 소속팀의 허락을 받아야 하도록 규정하고 있었다. 이 조항으로 인해 구단과 선수의 관계는 철저하게 갑과 을로 구분되었고 선수에 대한 구단의 영향력은 하늘을 찌를 정도로 높았다.* 또한 선수의 이익을 대변하는 선수노조도 1966년에서야 설립되었기 때문에 선수는 사실상 구단에 종속되어 있었다고 봐도 무방할 정도였으며, 선수들의 연봉은 지금과 비교할 때 상당히 낮은 수준으로 유지되었다. 때문에 선수들은 거액을 제시하는 승부 조작의 유혹에 쉽게 흔들리곤 했고, 당시에는 수면 위로 드러나지 않았을 뿐 크고 작은 승부 조작이 암암리에 이루어지고 있었다.

1919년 월드 시리즈에 진출한 시카고 화이트 삭스는 2년 전인 1917년에도 월드 시리즈에서 우승한 팀으로 당시 전력을 대부분 그대로 보유하고 있어 상대 팀인 신시내티 레즈에 비해 우승 확률이 높은 팀으로 점쳐지고 있었다. 화이트 삭스의 1루수인 아놀드 갠딜Arnold Gandil은 친분이 있던 도박업자인 조셉 설리번Joseph Sullivan과 공모해 신시내티 레즈의 우승에 돈을 걸기로 하고, 팀 내 가까운 선수들을 모아 고의 패배를 감행했다. 갠딜의 승부 조작에 합류한 선수들은 에디

* 이 선수 보유 조항은 1975년에 이르러서야 폐지되었으며, 이후 자유계약 선수(Free Agency) 제도가 북미 프로야구에 확산되어 선수의 협상력이 강화되는 계기가 되었다.

1919년 시카고 화이트 삭스 팀 사진. 찰스 리스버그(윗줄 왼쪽부터 5번째), 프레드 맥멀린(윗줄 왼쪽부터 6번째), 조 잭슨(윗줄 왼쪽부터 9번째), 오스카 펠시(중간 줄 왼쪽부터 5번째), 아놀드 갠딜(중간 줄 왼쪽부터 6번째), 조지 위버(중간 줄 왼쪽부터 7번째), 에디 시콧(아랫줄 왼쪽부터 3번째), 클로드 윌리엄스(아랫 줄 왼쪽부터 5번째)

시콧Eddie Ciccote, 클로드 윌리엄스Claude Williams(이상 투수), 오스카 펠시Oscar Felsch, 조 잭슨Joe Jackson(이상 외야수), 프레드 맥멀린Fred McMullin, 찰스 리스버그Charles Risberg, 조지 위버George Weaver(이상 내야수)였다. 8명의 선수가 가담한 만큼 승부는 원하는 방향으로 조작되었고, 시리즈는 신시내티 레즈의 5대 3 승리로 끝났다.* 시카고 화이트 삭스가 진 다섯 경기 모두 승부 조작에 가담한 투수들이 선발로 출전한 경기였다.

하지만 월드 시리즈가 시작되기도 전부터 승부가 조작될 것이라는

* 당시 월드시리즈는 9전 5선승제로 운영되고 있었다.

소문이 돌았으며 신시내티 레즈의 승리로 베팅이 몰리는 등 이상 현상이 발생했고 전문가들이 선수들의 플레이에 의문을 제기하기도 했다. 승부 조작에 대한 소문이 다음 시즌까지도 계속되자 1920년 9월 이를 조사하기 위한 대배심Grand Jury이 시작되었고, 같은 달 28일 에디 시콧이 대배심에서 승부 조작에 가담했음을 자백하면서 승부 조작이 드러나게 되었다.

블랙 삭스 스캔들은 한 시즌의 하이라이트라고 할 수 있는 월드 시리즈가 조작되었다는 점에서 팬들에게 큰 충격을 주었고, 그동안 소문으로 들어오던 승부 조작이 실제로 일어나고 있다는 것을 확인시켜 준 사건이기에 메이저 리그의 이미지에 심각한 타격을 주었다. 메이저 리그는 이러한 위기를 타개하고자 기존 지도부인 미국 야구위원회National Baseball Commission를 해체하고 총재Commissioner 제도를 도입했으며 명망 높은 연방 판사였던 케네소 랜디스Kenesaw Landis를 초대 총재로 추대했다. 1921년 시즌에 앞서 취임한 랜디스는 총재로서의 첫 지시로 블랙 삭스 스캔들에 연루된 8명의 선수를 메이저 리그와 마이너리그로부터 영구 제명했다. 이후 이 선수들은 자백 자료의 유실로 인해 재판에서 무죄를 선고받지만, 랜디스는 이들의 복권은 이루어지지 않을 것임을 다시 한번 확인해 이들은 미국 프로야구에서 영원히 퇴출되었다.

이 사건으로 말미암아 메이저 리그는 특정 선수가 미치는 영향을 줄이기 위해 월드 시리즈 방식을 7전 4선승제로 바꾸었다.* 한편, 주축 선수 8명을 한 번에 잃은 시카고 화이트 삭스는 약체팀으로 전락했으며, 2005년 월드 시리즈에서 우승하기까지 88년 동안 우승을 하지 못해 '블랙 삭스의 저주Curse of the Black Sox'라는 말이 생겨나기도 했다.

블랙 삭스 스캔들처럼 스포츠 도박에서 이기기 위해 경기 내용에 영향을 미치려는 시도는 단순히 불공정한 방법으로 도박에서 돈을 따는 것에 그치지 않고 스포츠의 본질을 훼손하는 것이다. 모든 승부 조작의 배후에는 스포츠 도박이 연계되어 있을 수밖에 없으며, 이는 스포츠가 도박을 경계하는 가장 큰 이유이다.

* 승부 조작 가담자인 클로드 윌리엄스는 1919년 월드시리즈 2차전, 5차전, 8차전 세 경기에 선발 투수로 출전해 모두 패전투수가 되었으며 세 경기 방어율 6.63을 기록했다. 그의 정규시즌 성적은 23승 11패, 방어율 2.64였다.

4 한국 스포츠와 스포츠 베팅의 탄생

한국의 초기 스포츠 베팅은 경마로 시작했다. 물론 그리스-로마 시대에 여러 스포츠 베팅이 있었던 것처럼 전통놀이인 소싸움과 같은 것이 시초였을 수는 있겠지만, 소싸움은 사람이 개입하는 스포츠경기가 아니라는 점에서 스포츠 베팅의 기원은 경마로부터 찾을 수 있다.*

일제 식민지 시절이던 1922년 현 한국마사회의 전신인 조선경마구락부朝鮮競馬俱樂部가 사단법인으로 창립되어 경마를 처음 도입했고, 1942년에는 조선마사회朝鮮馬事會로 이름을 바꾼다. 1949년 조선마사회는 대한민국 정부에서 인수해 한국마사회Korea Racing Authority로 상호를

* 전통놀이인 소싸움의 역사는 삼국시대 또는 고려 시대까지 거슬러 올라가기도 한다. 고대 그리스·로마의 예에서 보듯이, 소싸움에도 내기가 걸렸을 것을 쉽게 짐작할 수 있다. 소싸움은 현재도 한국에서 합법적인 사행산업 중 하나로 도박이 가능한 경기이다.

변형한 후 현재 공기업의 형태로 운영되고 있다.* 해외에서 경마가 대표적 스포츠 베팅 중 하나로 인식되는 만큼 한국의 현대적 스포츠 베팅의 시초는 경마로 보는 것이 합당할 것이다.

1980년대 출범한 프로야구와 프로축구는 큰 인기를 누리긴 했으나 스포츠 베팅의 대상이 되기까지는 20여 년 가까이 걸렸다. 프로스포츠에 앞서 스포츠 베팅으로 도입된 것이 바로 경륜競輪이다. 경륜은 1948년 일본에서 시작되었으며, 1994년 한국에 도입되어 국민체육진흥공단이 주관하고 있다. 경륜은 1988년 서울 하계올림픽 이후 올림픽공원의 벨로드롬 시설을 지속해서 사용하기 위해 일본의 경륜을 벤치마킹해 시작되었다. 또한 2002년 시작된 경정競艇은 경륜과 마찬가지로 올림픽 시설의 지속적 활용이라는 목적으로 서울올림픽 시설인 미사리 조정경기장에서 시작되었고 이 역시 국민체육진흥공단이 주관하고 있다.**

한국에서 프로스포츠를 대상으로 한 스포츠 베팅이 공식적으로 시작된 것은 2001년 10월 체육진흥투표권(상품명 스포츠토토)이 축구를 대상으로 발행되면서부터다.*** 2002년 FIFA 월드컵 개최를 앞두고 있던 한국은 대회 개최 준비를 위한 재원 확보, 국민 여가 활성화 및

* 해외에서 경마가 주로 레저산업으로 여겨지는 연유로 1992년 한국마사회가 체육청소년부(현재 행정부 조직상 문화체육관광부의 체육업무를 소관으로 하던 행정부처)의 산하로 이관되기도 했으나 2001년 농림부(현 농림축산식품부) 산하로 환원되었다.

** 1991년 12월 제정된 경륜 · 경정법을 근거로 하며, 경륜은 1994년 10월, 경정은 2002년 6월에 각각 시작되었다.

*** 2004년 '국민체육진흥법 시행령'의 개정을 통해 축구, 농구, 야구, 골프, 씨름, 배구의 6개 종목으로 발행 대상이 확대되었다.

체육 재정 조성을 목적으로 체육진흥투표권을 발행했다.* 앞서 설명한 경륜과 경정, 그리고 경마도 스포츠 베팅이지만, 한국에서 스포츠 베팅이라고 하면 스포츠토토를 떠올릴 만큼 체육진흥투표권은 대중에게 가장 친숙한 대표적인 스포츠 베팅이라고 할 수 있다.

국민체육진흥법은 체육진흥투표권의 독점 발행사업자로 국민체육진흥공단을 지정하고 있다.** 따라서 국민체육진흥공단이 발행하는 '스포츠토토Sportstoto'를 제외한 모든 유사한 복표형식의 스포츠 베팅은 불법이다. 체육진흥투표권 사업을 감독하는 주무 부처는 문화체육관광부로 발행사업자의 사업계획과 발행계획을 승인하는 역할을 한다. 발행사업자인 국민체육진흥공단은 2001년 스포츠토토의 발행이 시작된 이래 수탁사업자를 선정해 위탁 운영하고 있으며, 공단은 수탁사업자의 관리와 투표권 판매 수익금을 배분을 담당해왔다. 체육진흥투표권의 실질적 운영은 수탁사업자가 해왔는데, 이들의 업무는 투표권 발매, 환급금 교부, 시스템 운영 및 유지보수, 게임 개발과 홍보 등 전반적인 운영관리였다.***

문화체육관광부와 국민체육진흥공단, 그리고 민간사업자가 참여하는 체육진흥투표권 사업은 2025년 공영화라는 큰 변화를 맞을 예

* 체육진흥투표권의 수익은 환급금과 사업운영비를 제외하고 전액 국민체육진흥기금을 조성하는 데 투입되고 있다.

** 국민체육진흥법 제24조(체육진흥투표권의 발행사업 등) 1항에 명시되어 있다.

*** 수탁사업자는 2001년 이래 한국 풀스-한국타이거풀스 컨소시엄(2001~2002), 스포츠토토㈜(2003. 7~2015. 6), ㈜케이토토(2015. 7~2020. 6), ㈜스포츠토토코리아(2020. 7~2025. 6 예정)로 네 차례 바뀌었다.

〈그림 1〉 **체육진흥투표권 운영 거버넌스 변화: 공영화 이전과 이후**

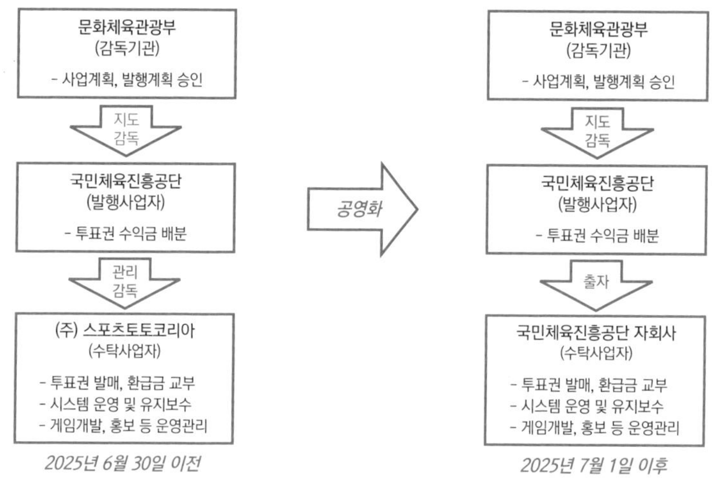

정이다. 2022년 1월 18일 국민체육진흥법의 일부 개정으로 국민체육진흥공단이 100% 출자한 자회사만 사업 운영을 수탁할 수 있게 되었기 때문이다.* 이에 따라 현 위탁운영계획이 종료되는 2025년 7월부터는 스포츠토토의 완전한 공영화 시대가 열릴 예정이다. 이러한 체육진흥투표권 사업 거버넌스 변화는 〈그림 1〉에 보이는 것과 같다.

스포츠토토는 한국 스포츠 베팅 산업의 확대를 보여주는 대표적인 사례이기도 하다. 초기 스포츠토토는 수탁사업자가 정치권의 비리에 연루되어 발행 1년 만인 2002년 10월 발매 중단 사태까지 이르는

* 국민체육진흥법 제25조(체육진흥투표권 발행 사업의 위탁 등) 1항의 개정으로 체육진흥투표권 사업의 운영을 위탁할 수 있는 대상이 '단체나 개인'에서 '국민체육진흥공단이 발행주식의 총수를 소유하고 있는 상법에 다른 주식회사'로 바뀌었다.

〈그림 2〉 **스포츠토토 연도별 매출액**(단위: 억 원)

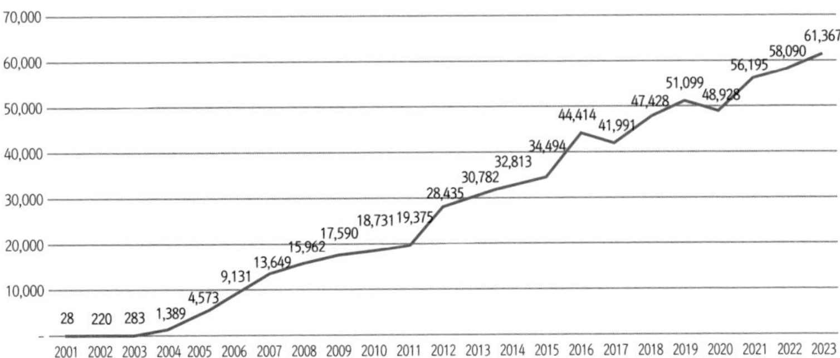

등 어려움을 겪었다. 하지만 2003년 수탁사업자 변경 후 당해 7월부터 재발매가 이루어지면서 발매가 안정되었고, 꾸준한 성장을 이어왔다. 2004년 1,389억 원이었던 스포츠토토의 연 매출은 2023년 6조 1,367억 원으로 약 20년간 44배 넘게 증가했다(〈그림 2〉).

스포츠토토의 성장은 다른 스포츠 베팅업과 비교해도 눈에 띈다. 이는 국내외에서 스포츠 베팅으로 간주되는 경마, 경륜, 경정, 그리고 스포츠토토의 지난 10년간 연도별 매출액을 보여주는 〈그림 3〉을 통해 확인할 수 있다. 스포츠토토와 마찬가지로 국민체육진흥공단이 운영하고 있는 경륜과 경정은 지난 10년간 매출이 정체되거나 감소 추세를 보였다. 반면, 스포츠토토의 매출에서는 꾸준한 성장 추이를 확인할 수 있다. 또한, 스포츠토토는 대표적 사행산업이자 시간적으로도 스포츠토토보다 80여 년이나 일찍 도입된 경마와 비교해 매출액이 어깨를 나란히 할 정도로 빠른 성장세를 보이고 있다. 2014년 스포츠토토와 경마의 연 매출은 각각 3조 2,813억 원과 7조 6,464원으

〈그림 3〉 **스포츠 베팅업 연도별 매출액 추이**(단위: 억 원)

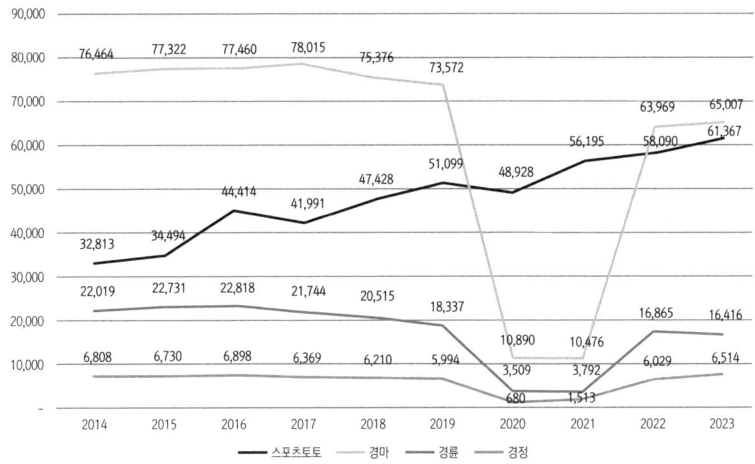

로 경마의 매출이 4조 3,651억 원 많았다. 하지만 2023년 기준으로 두 산업의 매출 차이는 3,640억 원까지 줄어들었다.*

이러한 스포츠토토의 괄목할 만한 성장에는 경마, 경륜, 경정과 같은 스포츠 베팅에 비해 친숙한 프로스포츠를 대상으로 하는 스포츠토토가 소비자 입장에서 볼 때 진입장벽이 낮을 뿐만 아니라, 6,453개소에 달하는 오프라인 판매점과 온라인 구매가 가능해져 접근성이 높아졌기 때문이라고 판단된다. 특히 흥미로운 것은 코로나19의 영향으로 경마를 비롯해, 경륜과 경정의 경주가 열리지 않아 해당 산업의 매출이 급감했을 때도 스포츠토토의 매출은 상대적으로 영향을 덜 받았다는 것이다. 이는 베팅 대상 종목이 다양하고 국내와 해외의 경기

* 2020년과 2021년에는 스포츠토토의 매출이 경마를 추월하기도 했으나 이는 코로나19의 영향으로 경마 경주가 열리지 않았던 것에 기인하므로 객관적인 비교라고 보기 어렵다.

〈그림 4〉 **2023년 한국 사행산업 규모 및 산업별 비중**(단위: 억 원)

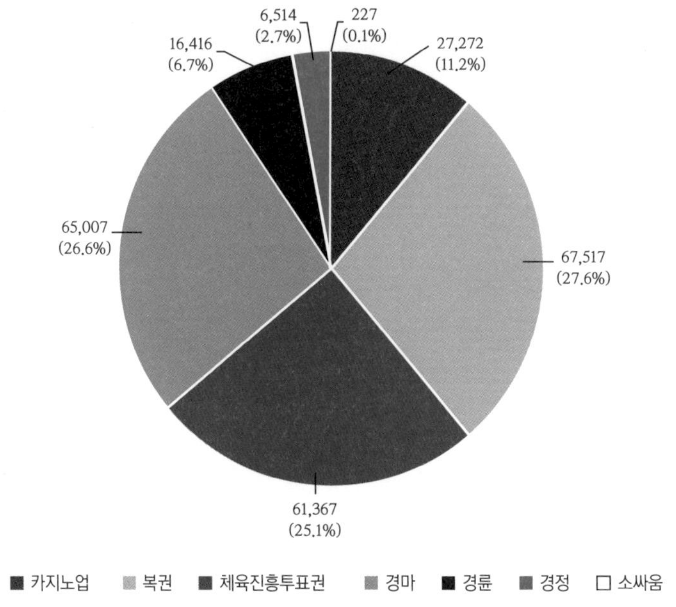

를 모두 베팅 대상으로 할 수 있는 스포츠토토의 특성 때문으로 해석할 수 있다. 이와 같은 스포츠토토의 친밀감과 접근성, 그리고 베팅 대상 종목의 다양성이 스포츠토토의 급성장을 이끄는 핵심 요인이라고 할 수 있다.

스포츠토토를 필두로 하는 스포츠 베팅 산업의 성장으로 인해 한국의 사행산업에서 스포츠 베팅은 상당한 비중을 차지하고 있다. 한국은 카지노, 경마, 경륜, 경정, 복권, 체육진흥투표권, 소싸움 경기의 7개 산업을 사행산업으로 규정하고 있으며, 2023년 기준 한국의 사행산업 총매출은 24조 4,364억 원이었다.* 이 중 스포츠 베팅에 해당하는 경마, 경륜, 경정, 그리고 체육진흥투표권의 매출액은 14조 9,304억 원으로 사행산업 총매출에서 차지하는 비중이 61.1%에 달한다. 한국의 사행산업에서 차지하는 스포츠 베팅의 비중은 〈그림 4〉를 통해서 확인할 수 있다.

한국에서 스포츠 베팅의 시초인 경마가 도입된 것은 불과 100년이 채 되지 않으며, 경마를 제외하면 한국 스포츠 베팅 산업의 역사는 30년밖에 되지 않는다. 유럽에서 경마가 16세기에 시작되었고, 산업화된 스포츠 베팅이 19세기에 등장했다는 것을 고려하면 한국의 스포츠 베팅 산업의 역사는 비교적 짧다고 할 수 있다. 하지만 짧은 역사에도 불구하고 스포츠 베팅업은 한국 전체 스포츠 산업의 10%를 차지하는 규모로 성장했다.⁑ 이는 스포츠 산업을 말하는 데 있어서 스포츠 베팅은 빼놓을 수 없는 요소임을 의미한다.

* 사행산업통합감독위원회법 제2조(정의) 1항에서 카지노업, 경마, 경륜·경정, 복권, 체육진흥투표권, 소싸움 경기를 사행산업으로 규정하고 있다.

⁑ 2022년 기준 한국의 스포츠 산업 매출 규모는 78조 1,070억 원이며, 경륜, 경정, 체육진흥투표권의 매출액은 8조 984억 원이다. 경마는 전통적인 스포츠 베팅 종목이라고 할 수 있지만, 한국의 스포츠 산업 규모를 측정하는 기준인 스포츠 산업 특수 분류 V.3.0은 경마를 스포츠 산업으로 분류하지 않고 있어 제외했다.

Part 2

스포츠 베팅 시장의 산업적 기여

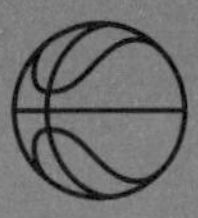

5 업계는 왜 스포츠 베팅의 활성화를 기대하는가?

내 이름은 배상승(56세)이다. 대학 졸업 후 지난 30여 년 동안 글로벌 기업에서 주로 마케팅전문가로 커리어를 쌓았다. 현재는 엔터테인먼트 회사에서 상무이사로 재직 중이다. 최근 헤드헌팅 업체로부터 연락이 와서 다급히 물었다. "A 프로스포츠 리그에서 마케팅 전문가를 찾고 있는데 관심 있으신가요? 여기서 찾고 있는 전문가의 자격요건과 배상승 이사님이 지금까지 하셨던 직무 전문성이 90% 이상 일치합니다." 나는 갑작스런 스카우트 제의에 뭐라 확답을 할 수가 없었다. 지금까지 스포츠 산업에서 일한다는 생각을 해본 적이 없을 뿐만 아니라 스포츠와 관련한 공부를 한 적이 없기 때문이다. 그래서 헤드헌팅 담당자에게 다음과 같은 말을 하고 전화를 끊었다. "매니저님, 지금 말씀하신 A 프로스포츠 리그 마케팅 전문가 직무와 계약 조건 등에 대한 상세한 정보를 보내주시면 고민해보고 조만

간 연락드리겠습니다."

한 달이 흘렀다. 나는 A 프로스포츠 리그 마케팅 부사장(CMO)으로 자리를 옮겼다. A리그는 겉으로 보기엔 국내 3대 인기 프로스포츠 리그로서 매년 꾸준히 성장하고 있는 것처럼 보였다. 하지만, 재정적으로 볼 때 매년 심각한 적자운영을 하고 있었고 이를 벗어나기 위한 이렇다 할 모멘텀이 보이지 않았다. 총재를 중심으로 사업 전략 긴급 회의가 열렸다. 중계권 계약 (OTT 계약 포함), 통합마케팅 사업, 동남아 시장 확대, 해외리그 등과의 글로벌 공동 사업 등 다양한 안건이 회의에 올라왔다.

그중에서 내가 책임을 맡고 추진할 안건은 바로 체육진흥투표권(일명 '스포츠토토')사업 확장을 위한 기반을 조성하는 것이다. 다시 말해서, '스포츠토토' 등 스포츠 베팅에 대한 특징과 장점 등을 최대한 부각해 부정적인 국민 정서를 긍정적 또는 중립적으로 변화시키는 것이다. 일명 스포츠 베팅에 대한 스필오버 효과Spillover Effect를 일으켜 스포츠 베팅을 스포츠관람의 자연스러운 일부분으로 승화시키는 것이 내 역할이라고 할 수 있다.

스포츠 베팅이 본질적으로 도박의 성질-불확실한 상황에 돈을 맡긴다-을 갖고 있기는 하다. 하지만, 스포츠 베팅이 글로벌 스포츠 시장에서 거스를 수 없는 큰 물결이고 스포츠 베팅의 성장은 쉽게 예측할 수 있는 터라 나는 부정적 의미에 중점을 두기보다 스포츠 베팅이 산업적 발전에 미치는 긍정적인 측면에 초점을 맞추기로 마음먹는 데 별다른 죄책감이나 부담감은 없었다.

나는 본격적으로 목표달성을 위해 행동에 나섰다. 스포츠 베팅의 이해관계자들을 초청해 '스포츠 베팅 시장의 확대 방안'이라는 주제로 포럼을 개최했다. 스포츠구단 관계자, 후원기업 담당자, 스포츠팬, 스포츠방송국 관계자, 체육진흥투표권 사업담당자, 그리고 학계 전문가 등이 참석했다. 스포츠구단 관계자가 포럼의 첫 발제자로 나섰다. 구단의 입장은 다소 애매했다. 스포츠토토의 매출이 늘어 문체부로부터 받는 주최단체 지원금이 늘기는 하겠지만 스포츠 베팅이 '프로스포츠를 통해 국민의 여가와 행복증진을 도모한다'는 원래의 비전과는 거리가 있다는 부담을 떨치기가 쉽지 않다.

영국의 프리미어 리그와 같이 스포츠 베팅 업체의 광고가 경기장을 감쌀 것이고 이로부터 나오는 수입으로 구단은 운영 예산이 증가한다. 구단의 예산 증가는 결국 선수들의 연봉 상승에 영향을 주어 결국 스포츠 베팅 산업의 확장은 구단, 선수, 베팅 회사 모두 윈-윈-윈 할 수 있는 조건이 완성된다. 구단주 역시 스포츠 베팅이라는 새로운 수익원을 확보함으로써 구단의 가치가 상승하는데 구단 매각 시 상당한 수익을 낼 수 있다. 미국의 경우, 2018년 스포츠 베팅이 합법화된 후, NBA 댈러스 매버릭스 구단주인 마크 큐번은 인터뷰를 통해 "스포츠 베팅의 합법화는 구단 가치를 2배 이상 높일 것이다"라며 환한 미소를 지었다. 실제로 매버릭스 구단의 가치는 2017년 14억 5천만 달러에서 2023년 45억 달러로 세 배 이상 증가했다.[3)]

스포츠 미디어 관계자들 역시 스포츠 베팅의 확대에 찬성하는 입장을 보였다. 과거 연구에서 나타난 것처럼 스포츠 베팅이 다시 시작된 미국 프로스포츠의 경우 시청률이 증가했다. 스포츠 베팅에 돈을 건 팬들은 경기가 끝날 때까지 쉽게 화면을 떠나지 않았다. 더욱 집중해서 그리고 더 오랫동안 경기를 시청했다. 시청률의 증가는 곧 광고 가격을 높인다. 미디어 회사는 경기 전에 스포츠 베팅과 관련한 'Pregame 쇼'와 같은 신규 프로그램을 제작할 기회를 얻을 수 있고 스포츠 미디어 앱을 통해 추가적인 홍보 수입을 올릴 수 있다.

팬들의 경우는 어떠한가? 스포츠 베팅 자체에 거부감을 느끼는 팬들도 많지만 스포츠 베팅이 또 하나의 재미있는 기회를 줄 수 있다는 긍정적 의견도 적지 않았다. 스포츠 관람의 동기 중 하나가 바로 스포츠 베팅과 연관된 경제적 이익이기 때문일까? 좋아하는 경기를 보면서 베팅을 즐기는 것이 또 하나의 기쁨이 되고 있다. 경기장에서 직관을 즐기는 팬들의 손에는 휴대전화가 들려 있다. 응원단장의 지휘 아래 치어리더들의 열정적인 율동에 따라 목청 높여 응원가를 따라 부르지만 조금만 여유가 생기면 눈은 다시 휴대전화 화면으로 간다. 경기를 보면서도 끊임없이 휴대전화를 쳐다보는 현대인의 삶의 방식에 스포츠 베팅은 최적의 놀이가 되었다. 특히, 거의 실시간으로 선수들의 기록과 정보가 업데이트되는 휴대전화 속의 스포츠 베팅 앱은 베팅 욕구를 한껏 자극한다.

6 스포츠업계가 스포츠 베팅의 합법화와 활성화를 주장하는 이유

기술 혁신과 스포츠 산업의 발전

최근 스포츠 산업은 4차 산업 혁명이라고 불리는 기술 혁신을 통해 많은 발전을 이뤘다. 스포츠 산업은 빅데이터, 인공지능, AR/VR/MR, 5G/6G 통신망, 로보틱스, 메타버스, NFT, 드론, 4D 카메라, 가상화폐, 3D 프린팅, 블록체인, 클라우드 컴퓨팅 등 기술 혁신의 혜택을 가장 많이 본 산업군 중 하나로 손꼽힌다.

이러한 기술 발전은 과학적이고 체계적인 플랫폼을 통해 팀 성적과 선수의 기량을 향상시킬 수 있는 환경을 만들었으며, 무선 방송/통신/4D 카메라 기술은 전통적인 방송국 중심에서 휴대전화 등 모바일 기기를 통한 무선방송[OTT]으로의 급격한 전환을 가져왔다. 스포츠리그, 구단과 선수는 다양한 SNS를 통해 팬들과의 쌍방향 소통을 할 수 있게 되었으며 4D 카메라와 같은 영상 기술은 양질의 콘텐츠를 만드는 데 일조했다. 센서 및 스캐닝 기술의 발전, 그리고 스마트 앱을 기반으로 한 스마트 경기장의 등장으로 팬들이 구단 및 경기장 직원들과 어떠한 물리적 접촉 없이도 입장권, 식음료, 기념품 구매 등의 소비 활동을 영위할 수 있게 했다.

메타버스의 등장은 스포츠 산업에 새로운 흐름과 방향성을 제시했다. 메타버스 기술의 발전을 통해 스포츠대회와 이벤트를 실제 경기장이 아닌 가상공간에서 개최할 수 있게 된 것이다. 예고 없이 찾아온 코로나19로 인해 각종 스포츠대회와 이벤트들이 우후죽순으로 취소되어 코로나가 빨리 사라지기만을 기다리고 있던 2020년에 NASCAR(전미 스톡 자동차 경주 협회)와 같은 자동차경주대회는 비디오 게임과 유사한 형식으로 가상공간에서 실제 대회를 성공적으로 개최했다. iRacing과 iNASCAR로 불리는 자동차 경주 대회에 참가한 레이서들은 각자 집에 설치된 레이싱 시뮬레이션 운전석-이를 'Racing Cockpit Kits'라고 부름-에서 실제 경주와 동일하게 자신의 경주용 시뮬레이션 자동차를 운전했고 수많은 팬은 가상공간에서 이를 시청하고 응원했다. 그동안 NASCAR경기를 중계하려면 수백 명의 관계자들이 경기장에 모여 많은 준비를 해야만 했다. 대회마다 차이는 있겠지만 일반적으로 수만 명에서 많게는 10만 명이 넘는 팬들이 경기장을 찾아 관람하고 경주용 차량마다 설치된 카메라와 경기장 내 설치된 수백 대가 넘는 카메라를 통해 중계되던 전통적인 방식에 새로운 변화가 생긴 것이다. 그동안 상상만 했듯이 대회 주최자들과 참가자들이 현장에 가지 않고 가상공간에서 스포츠대회와 이벤트를 개최하고 운영할 수 있는 첨단 시스템이 만들어졌다.

빅데이터 산업의 발전으로 그동안 일반인들의 시각에서는 다소 이해하기 어려웠던 각종 통계와 정보 데이터는 다양한 시각화 프로그램을 통해 훨씬 더 친근하고 이해하기 쉽게 만들어지게 되었다. 더 나아가 빅데이터 분석 기술은 스포츠의 가장 기본적이고 핵심적인 본질인 '경기 결과 예측의 불확실성'에 도전장을 내밀었다. 다시 말해서, 스포츠경기를 매력적으로 만드는 가장 큰 요인은 '어떤 팀이 승리할지', 혹은 '어떤 선수가 우승할지 모른다'는 결과의 불확실성인데 각종 응용 통계 프로그램 및 머신러닝을 통해 경기 결과를 맞추려는 다양한 시도가 벌어지고 있다. 예를 들면, 10년 전부터 미국 대학농구 토너먼트인 '3월의 광란March Madness'을 앞두고 글로벌 IT기업 중 대표주자인 구글은 대회가 열리기 전 또 하나의 이벤트 'Google Clould & NCAA Competition'를 개최했다. 이 대회에 참가하는 68개 대학 농구팀의 결과를 실제 경기 결과와 가장 가깝게 맞춘 지원자에게 총 10만 달러(남여 종목 각 1등: 2만 5천 달러, 2등: 1만 5천 달러, 3등: 1만 달러 등)에 달하는 상금을 내걸고 관심 있는 사람이라면 전공과 학벌에 상관없이 참여할 수 있도록 한 것이다.

지원자들은 경제학, 수학, 통계학, 컴퓨터공학, 소프트웨어 개발 관련 학과 등 다양한 분야에서 지원했으며 지난 80여 년에 걸쳐 수집한 4천만 개가 넘는 경기 결과 데이터를 분석해야 했다. 종이와 펜을 사용해 직접 경기 결과를 예측할 수도 있고, SQL, Pandas, R, Apps

Script, 파이썬, 모델러 등의 머신러닝을 할 수 있는 시뮬레이션 프로그래밍 도구를 사용할 수 있다. 경기 결과를 정확하게 맞히는 것은 신의 영역이라 완벽하게 예측하는 것은 불가능하다. 아무리 훌륭한 선수라도 어제의 컨디션과 오늘의 컨디션이 같을 수 없을 뿐만 아니라 기계처럼 매번 같은 수준의 기량을 선보일 수 없기 때문이다. 그럼에도 불구하고 빅데이터와 머신러닝, 신경망 기술의 발전은 그동안 범접할 수 없던 영역을 달성 가능한 것처럼 만들고 있다.

스포츠 산업의 법과 제도 선진화의 중요성

글로벌 기업들의 기술 혁신은 마치 가속 페달을 밟은 것처럼 점점 더 빨라지고 있다. 세상에 나온 지 얼마 되지 않은 신기술·신제품이라고 하더라도 팬들은 별다른 이유 없이 쉽게 식상하기도 하고 새로 나온 또 다른 기술과 제품으로 관심을 돌리기도 한다. 하루에도 수백 개가 넘는 새로운 기술, 신상품, 서비스 앱들이 시장으로 쏟아져 나오지만 그중 일부만 팬과 고객의 관심을 받는 것이 현실이다. 비디오심판이라고 불리는 VAR[Video Assistant Referee]이 나올 때만 해도 축구팬들은 VAR 기술의 혁신을 찬양하며 공정한 경기 운영에 큰 도움이 될 거라고 많은 기대를 했지만 이미 이 기술에 대해 식상함을 느끼는 팬들이 나타나고 있다. 한국프로야구는 2024년 ABS(자동 투구판정 시스템)를 전 세계에서 가장 먼저 도입했다. 시즌 초에 류현진 선수를 포함한 일부 선수들의 불만과 오해를 불러일으키는 등 안정적 운영까지 우여곡

절을 겪어야만 했다.

스포츠 산업에 혁신적인 변화를 가져올 것으로 기대를 모으는 유용한 기술이라 하더라도 선수들과 팬들의 기대치를 충족하지 못하거나 법, 규정 등 제도적 뒷받침이 없으면 스포츠 산업에서 쉽게 퇴출될 수 있다는 것을 우리는 경험을 통해 배웠다. 법과 제도의 보완 없이 신기술을 이용해 개발된 혁신 상품들이 어떻게 빛을 발하지 못하고 금세 사라졌는지 다음의 사례를 통해 살펴보자.[4)]

2008년 수영복 제조 업체인 스피도Speedo International에서 많은 비용과 시간을 투자해 'LZR 레이서'라는 혁신적인 수영복을 개발했다. LZR 레이서 수영복-전신 수영복 형태-은 물속에서 선수들의 부력을 돕고, 수중 동력을 증가시켜, 발표 당시에는 많은 이들이 매우 획기적인 제품이라는 찬사를 보냈다. '수영 황제'라고 불리는 미국의 마이클 펠프스 선수는 이 수영복을 입고 2008년 베이징올림픽에서 혼자 8개의 금메달을 획득하기도 했다. 이 수영복을 입고 수영대회에 참가한 선수들은 2008년 한 해에만 130개가 넘는 세계 신기록을 세웠다. 하지만, 국제수영연맹은 LZR 레이서 수영복이 공정한 경기 운영을 침해한다는 이유로 2009년부터 사용을 금지했다. LZR 레이서 수영복에 반영된 기술이 오히려 수영 실력을 공정하게 판단하는 데 방해가 된다고 하니 얼마나 아이러니인가?

2012년 골프공 제조업체인 폴라라 골프Polara Golf는 전 세계 골퍼들의 고민을 해결하는 데 도움이 되는 골프공을 개발했다. 이 업체가 개발한 공은 슬라이스/훅이 날 수 있는 확률을 약 75% 감소시키는 성능이 있었다. 다시 말해서, 골퍼가 스윙하는 순간 공의 저항력을 극대화해 공이 왼쪽이나 오른쪽으로 휘어지는 대신 정면으로 날아갈 수 있도록 설계되었다. 하지만, 이 공 역시 2012년 미국골프협회에 의해 사용이 금지되었다.

2020년 도쿄올림픽대회에서도 이와 유사한 분쟁이 발생했다. 도쿄올림픽대회를 앞두고 국제육상연맹은 나이키에서 만든 러닝화-나이키 줌X 베이퍼플라이라고 불림-를 금지할 것인가에 대한 논쟁에 휩싸였다. 2019년 10월에 비엔나에서 열린 마라톤 대회에 케냐의 엘리우드 킵초게 선수가 나이키가 만든 '베이퍼플라이'를 신고 나와 경기를 했다. 한데 킵초게 선수가 비공식 기록이긴 하지만 그동안 스포츠과학자들이 '인간의 한계'라고 정한 마의 2시간 벽을 깨고 우승하는 사건(?)이 벌어졌다. 비슷한 시기에 미국 시카고에서 열린 마라톤 경기에 참가한 브리기드 코스게이 선수(당시 16세)는 이 운동화를 신고 2시간 14분을 기록해 16세 세계 신기록을 세우기도 했다. 2018년에 열린 마라톤 대회 수상자 36명 중 25명, 그리고 12명의 우승자 중 8명이 나이키의 베이퍼플라이를 신었다는 사실은 그저 우연이 아니었다. 미시건대학교 스포츠과학과의 박사과정 학생의 논문을 보면 베이퍼플라이는 밑창이 36밀리미터로 두꺼워 스프링의 효과를 발생시키는데 실제 실험 결과 3시간 정도의 마라톤 기록을 갖는 선수에게 약 6분의 감소 효과가 있고 4시간에 마라톤을 완주하는 선수에게는 약 8분 정도의 기록을 단축시킬 수 있다.

위의 사례들처럼 스포츠 연맹 및 연합, 리그 및 구단의 규정이 시대의 흐름에 맞게 개선되지 못한다면 아무리 훌륭하고 유용한 기술이라고 하더라도 빛을 보지 못하고 시장에서 퇴출될 수 있다. 스포츠 베팅이 바로 여기에 해당된다. 스포츠 베팅은 철저한 규제 산업이다. 스포츠 베팅에 필요한 선수와 구단의 경기력 정보와 데이터를 체계적이고 과학적으로 수집, 저장, 분석하는 다양한 통계 분석 도구와 소프트웨어들이 개발되었지만 스포츠 베팅을 정부가 허가하지 않는다면 이러한 고급 분석 기술은 곧 시장성을 잃고 말 것이다.

미국의 경우 2018년 미국 뉴저지주 대법원 판결로 스포츠 베팅이 허용되자마자 다른 주에서도 조속히 스포츠 베팅을 합법화하기 위한 법안을 만들었다. 지금까지 38개 주 및 미국의 수도인 워싱턴 DC에서 스포츠 베팅을 합법화했다. 미국의 약 75%에 달하는 지역에서 스포츠 베팅이 가능해졌다. 뛰어난 스포츠경기력 분석 및 승부 예측 기술을 보유한 글로벌 IT 및 스타트업 기업들은 점점 더 많은 국가에서 스포츠 베팅이 합법화되기를 희망하며 분석기술 개발에 박차를 가하고 있다.

경기 예측과 스포츠 베팅 시장의 성장

스포츠 산업의 전문가들은 인공지능, AR/VR/MR, 웨어러블, 메타버스, e스포츠 등을 앞으로 글로벌 스포츠 산업을 이끌 핵심 동력으로 꼽는다. 또한 글로벌 스포츠 시장의 트렌드와 이슈를 다루는 『스포츠비즈니스 저널Sports Business Journal』(미국 발행)과 『스포츠비즈니스Sport

Business』(영국 발행)의 지면 변화도 글로벌 스포츠 산업의 뉴 트렌드를 보여준다. 얼마 전부터 이들 잡지의 내용 구성에 큰 변화가 생겼는데 바로 스포츠 베팅이 새로운 섹션으로 편성된 것이다. 다시 말해서 스포츠 베팅에 관한 기사는 다른 꼭지인 스포츠마케팅/스폰서십, 스포츠방송/미디어, 스포츠경기장/시설, 스포츠테크놀러지, e스포츠, 올림픽 및 스포츠 거버넌스 등과 더불어 독자적 영역으로 확대되어 매주 새롭고 풍부한 읽을거리가 넘쳐나고 있다. 스포츠 베팅은 데이터 분석기술과 매우 밀접하게 연관되어 있고 데이터 분석기술/프로그램/통계 기법에 대한 내용이 풍부해질수록 스포츠 베팅 산업에 대한 관심과 기대는 커졌다. 스포츠전문 채널인 ESPN에는 모든 경기 스케줄마다 각 팀의 예상 승률이 표시되어 있어서 스포츠 베팅 이용자들의 관심을 끌기도 한다.

그렇다면 스포츠 데이터의 통계적·수학적 분석은 언제부터 본격적으로 시작되었을까? 1970년대 중반으로 돌아가 보자. 이 당시에는 선수 개인에 관한 인적 정보 및 경기 결과 데이터는 철저히 수작업을 통해 기록되었다. 경기 결과와 팀 성적에 미치는 요인 분석 등 간단한 계량 분석은 수작업으로 아날로그 방식을 통해 이루어졌을 뿐 지금과 같이 정확한 승부 예측을 하기 위한 복잡하고 체계적인 분석 도구는 존재하지 않았다. 이로부터 반세기가 지난 지금, 전문 데이터 수집·분석 기업이 등장하고 예전에는 상상할 수 없던 대용량 클라우드 서비스를 통해 관심과 열정만 있으면 시간과 장소에 구애받지 않고 그리 어렵지 않게 접근이 가능해졌다. 또한, 고급 통계 분석 프로그램과

〈그림 5〉 **미국 연도별 스포츠 베팅 매출 추이**(단위: 10억 달러)

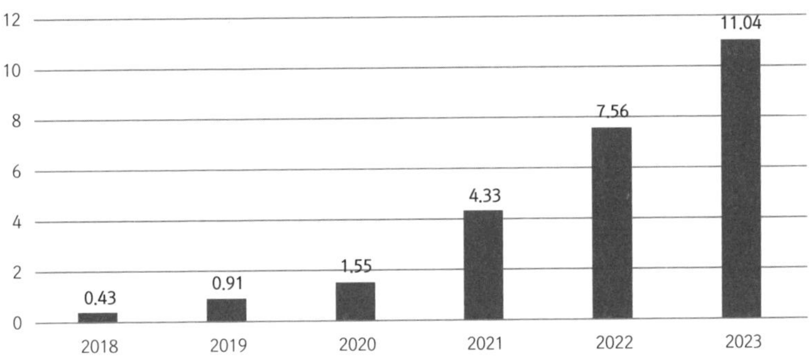

다양한 알고리즘 언어는 신경망 분석과 머신러닝 등 시뮬레이션 분석을 가능하게 했다. 아마존 웹 서비스AWS, 스포트레이더Sportradar AG(스위스), 구글 클라우드 플랫폼, IBM 클라우드, 넘버파이어NumberFire(미국), 지니어스 스포츠Genious Sports(영국), 옵타 스포츠Opta Sports(영국) 등의 업체는 전 세계 유수 프로스포츠 리그와 업무협약을 맺고 공식 데이터를 리그 및 팬들에게 제공하고 있다.

글로벌 스포츠 베팅 시장의 규모는 점점 더 커지고 있다. 미국의 경우 스포츠 베팅 시장 규모가 2023년 약 138억 달러(약 20조 원)이었는데, 2024년부터 2030년까지 매년 약 10.5%의 성장률이 예상되어 2030년에는 약 275억 달러(약 40조 원)에 달할 것으로 전망된다.[5] 스포츠 베팅 산업으로 얻을 수 있는 수입의 규모 역시 꾸준히 성장할 것으로 보이는데 2018년 5억 6천만 달러(약 7천억 원)에서 2028년 101억 달러(12조 원)에 달할 것으로 예상된다(〈그림 5〉 참조). 인간은 끊임없는 기술 혁신을 통해 과거에는 상상도 못 했던 한계를 넘으려는 도전을 하고 있다. 과연 인공지능으로 장착한 첨단 분석기술은 '승부의 불확실성'이라는 난제는 해결할 수 있을까? 승부를 100% 정확하게 예측하는 게 정말 가능할까?

스포츠 베팅 관련 산업체 대표 인터뷰

이름 정태성

소속과 직책 스포츠시그널 대표

학력 서울대 경제학과 학사, 한양대 경영학과 재무금융 박사 수료

경력

- 스포츠앤스토리 대표 (2009~2011)
- 에이치앤컨설팅 대표 (2015~2023)
- 스포츠시그널 대표 (2024~)

• 현재 하고 있는 스포츠 베팅 관련 사업에 대해 간략히 설명해 주세요.

스포츠 베팅 사업이라고 하면 흔히 베팅을 운영하는 일을 생각할 수 있는데 우리나라에서는 법적으로 국가가 스포츠 베팅 사업을 운영하고 있습니다. 스포츠시그널은 스포츠 데이터 분석으로 모든 프로 스포츠의 선수와 팀에 대해 분석합니다. 선수와 팀의 역량과 가치를 다양한 지표를 통해서 평가하는데, 각 지표가 성적과 얼마만큼의 인과관

계가 있는지 철저하게 검증합니다. 팀은 선수와 감독 가치의 총합이므로 그것에 따라 팀의 기본적 역량을 파악하면 그에 더해 최근 흐름, 상대 팀과의 관계, 시계열 분석결과 등까지 고려해 어떤 팀이 어느 정도 차이로 이길 수 있는지 전망합니다. 결국, 넓은 의미에서 스포츠 베팅에 속한다고 볼 수 있습니다.

• 스포츠 베팅 산업에 관심을 갖게 된 계기는 무엇인가요?

두 가지 이유입니다. 첫 번째는 스포츠경기를 워낙 좋아하기 때문이고 두 번째는 지적 호기심 때문입니다. 스포츠 베팅은 기본적으로 미래에 일어날 일을 예측하는 일입니다. 데이터 분석을 통해서 미래 일어날 결과를 예측한다는 것은 개인적으로 매우 흥미로운 일입니다. 스포츠경기는 실력과 운, 통제 가능한 변수와 통제 불가능한 변수 등으로 구성되어 있는 하나의 세트입니다. 이러한 내용에 대해 인간이 할 수 있는 가장 높은 수준의 예측력을 발휘하기에 매우 적합한 분야이므로 관심을 갖게 되었습니다.

• 현재 한국의 스포츠 베팅 시장의 상황을 간략히 설명한다면?

세 가지 특징을 말씀드리겠습니다. 앞서 말했듯이 한국의 스포츠 베팅 시장은 미국이나 영국처럼 기업이 스포츠 베팅을 운영하는 것은 금지되어 있습니다. 따라서 기업이 할 수 있는 영역은 승률이나 승패를 예측하여 차별화된 정보를 제공하는 것에 국한될 수밖에 없습니다. 둘째, 우리나라에서 사행산업은 '사행산업 매출총량제'에 따라 7개 업종의 순매출액 규모를 정해 놓고 이를 넘지 못하게 하고 있는데 스포츠 베팅 산업이 이에 포함됩니다. 마지막으로 스포츠 베팅 산업 그 자체라고 볼 수 있는 체육진흥투표권의 환급금도 약 62% 내외로 정해져 있습니다. 즉, 고객이 벌 수 있는 돈, 환급금의 총액이 정해져 있다는 의미입니다.

• 한국에서 스포츠 베팅 관련 사업을 하면서 느끼는 어려움과 장벽은 무엇인가요?

스포츠시그널은 초창기 기업이기 때문에 그 상황에 맞게 말씀드리겠습니다. 우선 정부 지원 문제입니다. 우리 사업계획서나 제출 서류, 혹은 상담 과정에서 기술보증기금이나 신용보증기금 등에 문의할 경우 스포츠 데이터 분석이 주된 업무임에도 불구하고, 스포츠 베팅이라는 단어가 들어가게 되면 그 후 진행이 어렵습니다. 고도의 통계적 기법을 요구해서 정부가 얘기하는 빅데이터 산업의 중심이라고 자부하고 있는데 바로 거절당하는 일이 많습니다. 두 번째는 인력 문제인데, 빅데이터 인력을 계속 양성하고 있다고는 하지만 제대로 된 데이터 분석을 할 수 있는 인력을 찾기 힘듭니다.

• 유럽 및 미국과 같이 한국도 스포츠 베팅 시장을 개방해야 하나요?

불법 스포츠 도박 시장 규모가 '스포츠토토' 시장에 비해 약 4배 가까이 달한다고 합니다. 그래서 현 제도를 개선해 그 수요를 합법적으로 끌어들이는 것이 가장 우선이 아닐까 싶습니다. 개방 관련해서는 기업에 개방한 나라들도 있지만 그렇지 않은 국가들도 아직 많다고 여겨지므로 전면적인 개방보다는 엄격한 지침이나 규정을 만들어 놓고 순차적으로 개방을 해야 하지 않나 싶습니다. 예를 들면, 상품 다양화, 환급 규모 확대 등에 대해서는 단기적으로 접근하며, 장기적으로는 '스포츠토토' 외 1개 사업자 정도 더 선정해 경쟁체제로 가면 좋다고 생각합니다.

• 스포츠 베팅의 개방 및 활성화를 반대하는 사람들에게 하고 싶은 말은?

모든 결정에 있어서 장단점이 존재합니다. 오늘날 스포츠 베팅 활성화는 프로스포츠 산업의 중요한 자금 원천이면서 스포츠 팬들에게는 또 다른 즐거움을 안겨주는 요소입니다. 그러한 거시적 요구사항들을 받아들이면서 불법 스포츠 도박 자금을 합법의 영역으로 끌어들이기 위해서는 전면 개방은 아닐지라도 현 제도에 대한 큰 폭의 변화는 필요하다고 보여집니다. 그리고, 우리나라의 스포츠 산업 구조를 보면 고도의 지식과 기술을 갖춘 인력이 진입하기가 쉽지 않습니다만 저는 스포츠 베팅 산업이야말로 그러한 인력이 진입할 수 있는 적절한 분야라 생각합니다.

• 앞으로 한국 스포츠 베팅 시장을 어떻게 전망하시나요?

스포츠 베팅 시장은 분명히 성장합니다. 이에 대한 이유로 첫째, 프로스포츠 리그의 규모가 점차 성장하고 있다는 점을 먼저 꼽고 싶습니다. 둘째, 사람들이 스포츠 베팅을 일확천금의 도박으로 느끼는 사람도 있겠지만, 자신이 특정 종목의 전문가임을 자처하는 사람도 늘어납니다. 즉, 스포츠 베팅의 결과로 자신이 전문가임을 확인하고 싶은 사람들입니다. 셋째, 리그나 팀들은 또 다른 형태의 스폰서십을 원합니다. 넷째, 불법 '스포츠토토' 시장 규모도 계속 커지고 있습니다. 이러한 이유들로 인해 한국의 전체 스포츠 베팅 시장은 분명히 성장할 텐데 이에 대해 정부가 어떤 방식으로 대처하느냐에 따라 결과는 달라질 것입니다.

• 스포츠 베팅 관련 사업을 하면서 앞으로 이루고 싶은 꿈은 무엇인가요?

가장 이루고 싶은 꿈은 세계 최고 수준의 예측 정확도를 가지는 것입니다. 적어도 우리나라 4대 프로리그와 프로골프까지 5대 종목에 대해서는 세계 어느 회사보다 더 높은 승패 적중률을 꿈꾸고 있습니다. 물론, 수많은 지표를 검증하고 영향력을 계산해서 모델을 만들어 내야 하는 일이므로 매우 어려운 과정이 되리라 생각합니다. 이게 된다면 기업 측면에서 꿈은 당연히 미국 진출입니다. 세계에서 가장 큰 프로스포츠 시장에 뛰어들어 결과 예측부터 시작해 스포츠 베팅 운영까지 인정받는 글로벌한 스포츠 통계회사를 꿈꾸고 있습니다.

• 스포츠 베팅 시장에 진출하고자 하는 이들에게 조언하고 싶은 것은 무엇입니까?

두 가지를 말씀드리고 싶습니다. 우선, 스포츠에 대한 무한한 애정입니다. 그 종목을 좋아하고 많이 보고 즐겨야만 스포츠가 눈에 익숙해지고, 결과를 예상할 수 있습니다. 경기장이 아니면 여러 매체를 통해서라도 수도 없이 경기를 봐야 합니다. 둘째, 지식과 공부입니다. 스포츠 베팅은 최종적으로 결과를 예측하는 분야이기 때문에 데이터 분석을 계속 공부해야 합니다. 더불어 세부적으로는 종목별 주요 평가지표 등에 대해서는 개념으로라도 이해는 하고 있어야 합니다. 예를 들어 야구를 좋아한다고 지원한 사람이 세이버메트릭스도 모른다고 하면 더 이상 면접조차 진행하고 싶지 않습니다.

7 스포츠 베팅 산업의 핵심: 미국의 스포츠 베팅 합법화

1970년대에 미국의 프로스포츠 리그는 정부의 적극적 재정 지원을 기반으로 엄청난 발전을 이뤘다. 이 당시에 각 주 정부 및 대도시를 중심으로 신규 경기장을 건설하며 프로스포츠 구단을 유치하려는 다양한 시도가 이루어졌는데 이 과정에서 역사상 가장 많은 프로구단이 새로운 경기장을 찾아 연고지를 바꿨다. 한편 프로스포츠 산업의 급속한 발전은 마피아에게 새로운 먹거리가 되었는데 바로 카지노와 스포츠 베팅업이었다. 마피아를 중심으로 승부 조작 및 업자와 선수들 간의 불법 정보 교환 등 상상할 수 있는 온갖 불법 수단을 통해 스포츠가 지닌 본연의 가치가 흔들리기 시작했다. 특히 대학농구와 같이 아마추어 경기에까지 마피아의 검은 손길이 미치자 더 이상 지켜 보고만 있을 수 없다는 결론을 내린 미국 정부와 의회는 스포츠 베팅 산업에 대한 규제를 시작했다.

이들은 다음과 같은 명분과 논리로 스포츠 베팅 산업의 규제 필요성을 강조했다. 첫째, 전국적으로 급격히 퍼져나가고 있는 스포츠 베팅을 포함한 각종 사행산업에 대한 적절한 규제 조치를 이행하지 않을 경우 그 피해가 건잡을 수 없을 정도로 커질 수 있다. 둘째, 다양한 사행산업 중에서도 스포츠경기에 돈을 거는 스포츠 베팅은 스포츠 본연의 가치를 파괴해 결국 파멸로 이끌 수 있는 매우 위험한 존재이다.

스포츠 베팅의 규제에 찬성한 정치인 중 가장 커다란 영향력을 발휘한 사람은 바로 빌 브래들리 상원 의원이었다. 그는 프린스턴대학교 농구선수 출신이다. 대학 졸업 후 미국 프로농구 뉴욕 닉스에서 13년간 선수 활동을 한 그는 프로스포츠 및 아마추어 스포츠를 스포츠 베팅으로부터 보호하기 위한 법을 만드는 데 중심 역할을 했다. '프로 및 아마추어 스포츠 보호법Professional and Amateur Sports Protection Act'(PASPA)이라 불리는 이 법은 1991년 2월 22일 의회에서 통과되었고, 1992년 10월 28일부터 그 효력이 시작되었다. 이 법을 통해 스포츠 베팅이 (1) 도박 중독자를 양성해 사회를 병들게 할 뿐만 아니라 (2) 스포츠가 지닌 본연의 가치인 '공정'과 '진정성'의 이미지를 심하게 훼손할 수 있다는 근거와 명분을 인정받게 되었다.

스포츠 베팅 합법화

1992년 '프로 및 아마추어 스포츠 보호법'이 발효된 후 스포츠 베팅을 바라보는 사람들의 시선은 서서히 변하기 시작했다. 2007년 서

브프라임 모기지 사태를 시작으로 금융기업들의 연쇄 파산이 이어지면서 미국은 경제 위기를 겪었다. 미국에서 시작한 금융위기는 국제 금융시장에 신용 경색을 불러오며 세계 경제에 암울한 그림자를 드리웠다. 이러한 금융위기가 지속되면서 여행, 레저, 관광, 스포츠, 카지노 분야의 산업은 커다란 피해를 입었다. 이러한 위기를 극복하기 위해 미국에서 두 번째로 큰 도박의 도시인 애틀란틱 시티Atlantic City가 있는 뉴저지주는 스포츠 베팅을 합법화하려는 시도를 했다. 2011년 뉴저지주 지사는 스포츠 베팅에 대한 주민들의 의견을 묻는 주민투표를 실시했는데 이를 통해 대다수의 뉴저지주 주민들이 스포츠 베팅 산업의 합법화에 찬성하고 있다는 사실을 확인했다. 이듬해인 2012년 뉴저지주 의회는 스포츠 베팅 법Sports Wagering Act을 통과시키고 스포츠 베팅 및 경마를 허가했다. 순조롭게 진행된 것처럼 보이는 스포츠 베팅 법안이 효력을 발생하기 전에 암초가 나타났다. 미국의 4대 메이저 리그인 미국 풋볼 리그NFL, 메이저 리그 야구MLB, 프로 농구NBA, 아이스하키NHL 및 미국 대학스포츠연맹NCAA에서 스포츠 베팅 합법화를 반대하며 뉴저지주를 상대로 2014년 11월 소송을 제기했다. 스포츠 베팅으로 인해 얻을 수 있는 혜택보다 이미지 추락, 팬들의 외면 등 부정적 영향이 더 클 것을 우려했기 때문이다. 뉴저지주는 2016년 10월 대법원의 심판을 받기 위해 사건이송 명령서를 제출했다. 2018년 5월 15일 9명의 대법관 중 6명이 1992년에 제정된 "프로 및 아마추어 스포츠 보호법PASPA이 위헌"이라는 판결에 찬성했다.

알리토Alito 판사가 내린 판결의 핵심은 바로 두 가지로 설명할 수 있다. 첫째, 스포츠 베팅의 적법 여부에 관한 판단 권한은 연방 정부에 주어지지 않고 주별로 독립적으로 결정할 수 있다는 것이다. 둘째, 1992년에 프로스포츠 및 아마추어 스포츠 보호 법안이 통과되었을 때 미국 50개 주 중 인디언 부족들을 중심으로 제한적으로나마 스포츠 베팅이 합법적으로 운영되었을 뿐만 아니라 심지어 4개 주-네바다, 오레곤, 몬태나, 델라웨어-에서는 스포츠 베팅이 지속적으로 허용되고 있었다.* 이로 인해 형평성에 문제가 있다는 이의가 제기되었고, 결국, "프로 및 아마추어 스포츠 보호법안은 위헌"이라는 판결이 나온 것이다. 2018년에 내려진 이 판결로 인해 미국의 스포츠 산업은 거대한 자금을 등에 업은 글로벌 도박업체들의 놀이터로 변하기 시작했다.

재정난을 겪고 있던 미국의 주 정부들은 "뉴저지주 대법원의 '프로 및 아마추어 스포츠 보호 법'이 위헌"이라는 판결에 쌍수를 들고 환영했다. 스포츠 베팅을 합법화함으로써 주 정부의 세수를 늘릴 수 있다는 계산 때문이었다. 2024년 말 기준으로 38개의 주 정부가 스포츠 베팅을 합법화했고 주민들은 온라인으로 안방에 누워 휴대전화로 스포츠 베팅을 할 수 있게 되었다. 미국의 프로리그 역시 스포츠 베팅을 통해 수익을 극대화하고 있다. NBA의 경우, 코로나19로 인해 2019~2020시즌 동안 약 10억 달러(1조 4천억 원)가 넘는 적자를 기

* 인디언 부족의 경우 생계유지를 위해 정부로부터 카지노를 개업·운영할 수 있는 특권을 부여받았다. 이로 인해 인디언 부족이 많은 4개의 주는 스포츠 베팅을 합법적으로 할 수 있는 일명 '인디언 카지노(Indian Casino)'가 상당히 활성화되어 있었다.

미국 Las Vegas의 Wynn Casino 내 스포츠 베팅 매장

록했는데, 스포츠 베팅을 합법화함으로써 NBA 경기에 베팅되는 총 금액의 1%를 수수료 명목Integrity Fees으로 받아 그나마 리그의 적자 폭을 조금이나마 줄이는 데 도움이 되었다.

영국에 본사를 둔 윌리엄 힐William Hill과 같은 스포츠 베팅 전문 업체는 2020년 8월 3일에 미국 NBA 워싱턴 위저즈의 홈구장인 캐피탈 원 아레나에 스포츠 베팅 숍을 오픈하는 등 스포츠 베팅 산업의 활성화를 위해 발 빠른 움직임을 보였다. 또한, NBA 댈러스 매버릭스의 구단주인 마크 큐번과 샬럿 호네츠 구단주인 마이클 조던은 스포츠 베팅 업체들에게 경기에 관한 통계를 제공하는 업체인 스포츠 레이더

Sportradar에 총 4천 4백만 달러(600억 원)를 투자하는 등 전반적인 스포츠 베팅 산업의 투자 규모는 기하급수적으로 커지고 있다. 또한, 스포츠 베팅 분석 전문가Sports Betting Analyst, 데이터 분석 보조연구원Data Analytics Associate, 양적 연구 분석 전문가-풋볼 운영Quantitative Analyst-Football Operations 등의 일자리가 새로 생겼다(www.indeed.com). 드래프트킹즈, 팬듀얼, ESPN Bet, 시저스 스포츠북, BetMGM 등 상위 5개의 스포츠 베팅 전문업체들은 스포츠 데이터 보조업무를 담당하는 신규 직원을 지속적으로 뽑고 있다. 스포츠 베팅 데이터 분석과 관련된 대부분의 일자리는 기초 통계 및 데이터 관리 능력을 지닌 지원자를 선호하며, 주 5일 근무(주말 포함), 원거리 근무 가능, 초봉 4만~5만 달러의 연봉을 지급한다(www.indeed.com).

뉴저지주 대법원 판결이 있기 전까지 스포츠 베팅에 대해 다른 프로리그보다 훨씬 더 많은 걱정과 우려를 했던 NFL은 오히려 스포츠 베팅에 대해 매우 적극적인 태도를 보이며 스포츠 베팅 산업의 활성화를 위해 리그 규정을 바꾸고 있다. 2020년 2월 NFL은 리그에 속한 32개의 구단이 개별적으로 스포츠 베팅 업체와 공식 후원 계약을 할 수 있도록 리그 규정을 변경했으며 2020년 3월 덴버 브롱코스Denver Broncos 구단이 스포츠 베팅 업체와 공식 후원 계약을 체결하면서 첫 단추를 끼웠다. 2021년 시즌이 시작하기 전까지 NFL에 속한 22개 팀이 33개의 크고 작은 스포츠 베팅 업체와 후원 계약을 마친 것으로 알려졌다. 스포츠 베팅 업체와의 계약 금액은 구단이 속한 시장의 규모, 독점권 등에 따라 35만 달러(4.9억 원)에서 4백만 달러(56억 원)까지 다양하다.

그동안 스포츠 베팅에 부정적이었던 스포츠 관련 전문가들이 긍정적으로 입장을 바꾼 것은 다음과 같은 이유에서다. 일명 마피아 자금이라고 불리는 불법 자금이 스포츠 베팅 산업에 들어와 승부에 직간접적으로 영향을 미칠 수 있는 선수, 감독, 심판을 매수하는 사건이 종종 발생했기 때문이다.* 리그마다 불법 스포츠 베팅 등에 대한 교육, 훈련, 캠페인을 펼쳤지만 잊을 만하면 발생하는 불법·부정사례를 완전히 없애는 데 한계를 느꼈다. 하지만 빅데이터, 인공지능 등과 같은 첨단기술의 발달에 힘입어 불법 승부 조작과 개입을 사전에 탐지할 수 있는 안전장치를 만들 수 있는 환경이 마련되었다. 스포츠레이더Sportradar, 스포츠 인포솔루션Sports Info Solutions, 지니어스 스포츠Genius Sports와 같은 글로벌 스포츠 빅데이터 업체들을 통해 불법적이고 비정상적인 베팅 행위를 엄격히 감시·감독할 수 있는 시대가 열린 것이다.

NBA는 2019년에 스포츠레이더 및 지니어스 스포츠와 파트너십을 맺고 전 세계에서 일어나는 불법적인 베팅 행위를 사전에 차단하거나 사후에 추적할 수 있도록 했다. FIFA 역시 2017년 스포츠 레이더와 업무협약을 맺고 FIFA가 관장하는 축구대회에서 승부 조작 의심이 가는 비정상적인 자금 흐름 및 베팅 행위를 선제적으로 탐지, 감시, 감독하고 있다.

결론적으로 글로벌 스포츠 베팅 산업의 가장 큰 시장인 미국이

* 마피아는 스포츠 베팅을 돈세탁을 위한 도구를 넘어 핵심 수익사업으로 인식했다.

2018년 스포츠 베팅을 합법화하고 활성화함으로써 전 세계 스포츠 베팅 시장은 새로운 성장 모멘텀을 맞이했다. 신규시장을 차지하기 위해 펼치는 거대 글로벌 도박업체들의 무분별한 시장공략은 스포츠 산업을 소용돌이에 몰아넣었다. 스포츠 베팅의 본질과 장단점을 고민하기도 전에 이미 전 세계 스포츠 시장은 이렇다 할 대책도 세우지 못한 채 스포츠 베팅을 어쩔 수 없이 받아들여야만 하는 판세에 접어들고 말았다.

8 스포츠 베팅 합법화로 인한 긍정적 가치 및 혜택

전 세계 불법 스포츠 베팅 산업의 규모가 약 150조 원이 넘는 것으로 알려진 상황에서 스포츠 베팅의 합법화를 주장하는 사람들의 목소리는 점점 더 커지고 있다. 스포츠 베팅의 합법화를 주장하는 사람들의 논리는 다음과 같다.

암시장에서 불법으로 행해지던 스포츠 베팅 산업을 양지로 끌어올려 그동안 불법 스포츠 베팅 업자들이 독점했던 엄청난 규모의 도박 수익을 스포츠 산업에 재투자해야 한다는 것이다. 미국 스포츠 베팅 산업의 사례를 통해 구체적으로 들여다보자. 스포츠 베팅을 합법화하면 가장 큰 혜택을 보는 집단은 일차적으로 해당 스포츠리그, 구단 및 선수들이다. 스포츠리그는 리그 경기에 베팅되는 총금액의 일정 비율을 수수료 명목으로 거둔다.* NBA 경우, 총 베팅 금액의 1%의 수수료를 받는다(Heitner, 2018). NFL은 23억 달러(약 2조 5천억 원), 그리고 미국 프로 아이스하키리그인NHL는 2억 1천9백만 달러(약 2천 300억 원)의 수수료를 챙겼다(Fullerton, McCall, &Dick, 2020). 이러한 수수료는 적게는 2천억 원에서 많게는 수조 원에 이르기까지 리그의 규모와 특성에 따라 조금씩 차이가 있지만 그 규모는 매년 점점 커지고 있다.

스포츠 베팅을 허용하는 프로스포츠 리그는 리그의 경기와 관련된 데이터 및 자료를 스포츠 베팅 업자들에게 사용권을 부여해 상당한 규모의 부가수입을 얻을 수 있다. 실제로 상당수의 스포츠 베팅 소비자들이 비공식 불법 정보와 무분별한 데이터로 인해 스포츠 베팅에서 피해를 본 사례가 증가하고 있다. 이로 인해 스포츠 베팅이 합법화된 국가에서 경기 결과 및 선수 성적에 관한 실시간 데이터의 가치는 점점 증가하고 있으며 공식 데이터의 금전적 가치 또한 방송 중계권처럼 높아지고 있다. 스포츠 베팅 업체는 초경쟁 산업인 스포츠 베팅에서 시장점유율을 높이기 위해 엄청난 규모의 자금을 투자해 리그의 공식 스폰서가 되기도 한다. 또한, 스포츠 베팅은 신규 팬을 유인하는데 유용한 역할을 하기도 한다. 예를 들면, 미국 풋볼 리그NFL에 대해서 별 관심이 없었지만 스포츠 베팅을 하기 위해 경기 룰을 배우거나 유용한 정보와 데이터를 수집하는 식이다.

스포츠 베팅을 이용하는 팬들이 스포츠리그 공식 홈페이지 및 다양한 스포츠 베팅 관련 소셜 미디어에 접속하는 횟수가 증가함에 따라 리그의 광고 수입도 증가한다. 또한 스포츠 베팅에 참여하는 팬들

* 수수료의 명칭은 리그마다 다른데 일반적으로 로열티loyalties 혹은 진실성 비용(integrity fees)이라고 부른다.

이 많아질수록 스포츠 중계 방송의 실시간 시청률도 상승해 방송국과의 중계권 협상에도 유리한 위치를 차지할 수 있는 기회를 제공한다. 실제로 미국 뉴저지주에서 2018년 스포츠 베팅이 합법화된 후 라이브 경기의 시청자 수가 급격히 증가된 것을 볼 수 있으며 2019년 미국에서 '시청률이 높은 톱 10 생방송' 중 9개가 스포츠 중계였다는 사실로 미루어 볼 때 스포츠 베팅은 스포츠경기 중계의 시청률에 긍정적인 영향을 끼친다는 것을 알 수 있다. 닐슨 리포트에 따르면, NFL 시청자 중 25%가 스포츠 베팅에 참가하며 이들의 경기 시청 분량은 스포츠 베팅에 참여하지 않은 시청자들보다 많은 것으로 나타났다. 또한, 스포츠 베팅을 하는 시청자는 전체 중계 중 47% 이상을 시청하는 것으로 나타났는데, 이는 스포츠 베팅에 참여할수록 경기 시청 시간이 증가한다는 것을 입증한다.[6)]

스포츠 베팅의 활성화는 선수들의 연봉 상승과 각종 복지혜택을 높이는 데 기여한다. 미국의 프로스포츠 리그는 각 리그에서 정한 샐러리캡의 규정에 따라 이 수입을 리그에 속한 선수들과 나눠야 한다. 스포츠 베팅 업체로부터 로열티 및 수수료 명분으로 받은 수천억 원에서 수조 원에 이르는 추가 수입 중 상당 부분은 선수들의 연봉으로 지불되기 때문에 스포츠 베팅의 합법화 및 활성화는 해당 리그에 속한 선수들의 연봉 상승을 가져온다. 경기장 시설 관련 업자들 역시 스포츠 베팅을 통해 수입을 거둘 수 있다. 경기장 내에 스포츠 베팅 시설을 만들고 베팅 업자들에게 임대할 수 있으며 경기장 내 배너 광고를 통한 광고 수입을 거둘 수 있다. 구단주의 경우 스포츠 베팅의 합법화 및 활성화로 인한 엄청난 구단의 가치 상승으로 혜택을 본다. 2018년 5월 뉴저지주 대법원에서 스포츠 베팅이 합법화 결정이 나온 직후 NBA의 댈러스 매버릭스 구단주인 마크 큐번은 언론과의 인터뷰에서 "오늘 판결로 구단의 가치가 두 배 이상 증가했다."라며 화색을 감추지 않았다. 실제로 대부분의 미국 프로스포츠 구단 가치는 크게 상승했다.

스포츠 중계 방송국 역시 스포츠경기의 실시간 시청률 상승을 통해 광고 수입이 증대되고, 방송 중계 전 'pre-game 쇼'와 같은 프로그램을 만들어 스포츠 베팅에 도움이 되는 경기 자료 및 데이터를 제공할 수 있는 기회를 창출할 수 있다. 스포츠 베팅의 합법화에 결정적 열쇠를 쥐고 있는 정부(중앙정부 및 주 정부) 역시 그동안 불법 스포츠 베팅 시장에서 거둘 수 없었던 세금을 부과해 세수를 확보할 수 있을 뿐만 아니라 베팅 수익에 대한 소득세를 추가로 거둘 수 있어 일거양득의 효과를 기대할 수 있다. 또한, 정부는 합법 스포츠 베팅 업체를 선정하는 과정에서 사업 허가세Licensing Fees를 부과해 세수를 늘릴 수 있다. 요즘과 같이 조세 저항이 커지고 있는 상황에서 스포츠 베팅과 관련된 기업 및 팬들에게만 세수를 확보할 수 있다는 점은 스포츠 베팅의 합법화가 정부에게 더욱 매력적으로 보이는 이유라고 할 수 있다. 특히 담배와 술처럼 사용자들에게만 세금을 걷는다는 명분은 투표권을 가진 시민들의 지지를 받기 쉽게 만드는 요인이다. 정부는 스포츠 베팅으로 거둬들인 엄청난 추가 수입을 사회 전체의 발전과 번영을 위해 사용할 수 있다. 국가에서 운영하는 로또와 연금복권처럼

〈표 1〉 **스포츠 베팅의 합법화로 인한 긍정적 가치 및 혜택**

No.	기관/조직	긍정적 가치 및 구체적 혜택
1	스포츠 리그	· 수수료 수입을 통한 리그의 신규 수입 증대 · 리그의 공식 통계 및 정보(경기데이터) 판매를 통한 수입 증대 · 경기 앱/공식 홈페이지를 통한 리그 광고 수입 기회 · 스포츠 베팅 업체에 대한 스폰서십 기회 확대 · 라이브 스포츠경기 시청률 증가에 따른 중계권 비용 상승 · 신규 온/오프라인 팬의 증대
2	스포츠 구단	· 구단의 인지도 상승 · 팬덤 증가 · 구단 경기의 생중계 기회 확대 · 해당 리그의 베팅 수입 배분을 통한 구단 수입 증대 · 구단 가치 상승 · 구단의 수입 증대로 인한 선수 연봉 상승 기회 · 구단의 스폰서십 기회 확대 · 스포츠 베팅을 위한 경기장 시설 활용 기회 확대 · 선수 연봉 증가
3	스폰서 기업	· 후원 기업들의 새로운 플랫폼 활용 기회 확대 · 스포츠 베팅을 통한 새로운 프로모션 기회 활용 · 높은 시청률로 인한 기업의 로고 및 이미지 노출 기회 증가 · 다양한 고객층 접근 기회 증가
4	스포츠 팬	· 팬들에게 고급 경기 정보 및 데이터 제공 · 경기에 대한 관심 및 재미 증가 · 스포츠 베팅에 대한 여가 활동 기회 · (스포츠 베팅 업체로부터) 무료 게임 제공 · 리그/구단/선수에 대한 관심 및 경기에 대한 지식 증대
5	미디어	· 시청률 증가 · 광고 수입 증가 · 시청자에게 다양한 경기 정보 및 데이터 제공 기회 확대 · Pre-game 쇼 등을 통한 신규 프로그램 제공 · 방송국 앱을 통한 스포츠 베팅 관련 홍보 수입 증대
6	정부/ 사회 전반	· (스포츠 베팅 복권 판매 및 베팅 수익을 통한 소득세 등의) 세수 증가 · 스포츠 베팅 업체로부터 받는 사업 허가세(라이센싱 수수료) 수입 · 스포츠 베팅으로부터 걷어들인 세금은 교육 및 다양한 사회 인프라 산업에 재투자 · 불법 스포츠 베팅의 업체 및 참여자 감소 · 새로운 일자리 창출

스포츠 베팅에서 얻은 추가 세수를 스포츠 산업은 물론이고 나아가 교육, 교통, 및 사회 인프라에도 재투자할 수 있다는 명분을 얻는다. 스포츠 리그 및 구단은 스포츠 베팅 수입을 통해 경기 운영의 질적 향

상과 팬 경험 증대에 필요한 경기장 신축 및 재건축 등을 실현할 수 있다. 마지막으로 스포츠 베팅을 합법화하면 오랫동안 큰 골칫거리였던 불법 스포츠 베팅 산업이 위축될 것이며 신규 일자리 창출에도 도움이 된다는 주장을 하고 있다. 다시 말해서, 불법 스포츠 베팅 업자들로부터 사기 등의 피해를 당해도 불법 스포츠 베팅이라 어떤 도움도 받지 못하는 사각지대에 있는 스포츠 팬들 역시 줄어들 것이라고 주장한다. 결론적으로 스포츠 베팅의 합법화 및 활성화는 프로스포츠 리그, 구단, 선수, 방송국, 광고업체, 정부 등 스포츠 산업의 핵심 이해관계자들 모두에게 커다란 이익을 안겨주는 복주머니로 인식되고 있다.

9

한국 스포츠 베팅 산업과 스포츠

앞서 우리는 스포츠 베팅이 가져올 수 있는 긍정적 가치에 대해 생각해 보았다. 그렇다면 현재 한국 스포츠의 맥락에서 스포츠 베팅이 가지는 산업적 의미와 영향을 구체적으로 살펴보자. 먼저 일찍이 언급한 것처럼 한국에서 허용되는 스포츠 베팅은 국민체육진흥공단에서 운영하는 경륜*과 경정, 그리고 '스포츠토토'로 잘 알려져 있는 체육진흥투표권밖에 없다. 세 가지 합법 스포츠 베팅 중 매출액 측면에서 가장 크고, 일반인들에게 친숙한 체육진흥투표권('스포츠토토')은 체육진흥법을 근거로 시행되는 스포츠 베팅 사업이다.**

* 경륜의 경우, 총 3곳의 경륜장이 있으며 광명경륜장은 국민체육진흥공단, 창원 레포츠파크는 창원경륜공단, 부산 금정경륜장은 부산시설공단이 운영하고 있다. 하지만 매출액과 이용객 수 등 규모 면에서 국민체육진흥공단이 운영하는 경륜장이 월등히 크다.

** 경륜과 경정은 경륜·경정법에 의해 시행되고 있음.

〈표 2〉 **한국 체육진흥법 체육진흥투표권 관련 주요 내용**

구분	세부 내용	조항
체육진흥투표권의 발행사업	① 서울올림픽기념국민체육진흥공단은 국민의 여가 체육 육성 및 체육 진흥 등에 필요한 재원 조성을 위해 체육진흥투표권 발행 사업을 할 수 있다. ② 체육진흥투표권의 종류, 투표 방법, 단위 투표 금액, 대상 운동경기 및 각종 국내외 운동경기대회, 그 밖에 필요한 사항은 대통령령으로 정한다. 다만, 체육진흥투표권의 연간 발행회차는 서울올림픽기념국민체육진흥공단과 제25조에 따른 수탁사업자가 매년 협의해 정하되, 문화체육관광부장관의 승인을 받아야 한다. ③ 제1항에 따른 체육진흥투표권의 발행 사업에 대해는 「사행행위 등 규제 및 처벌특례법」을 적용하지 아니한다.	제24조
체육진흥투표 발행 사업의 위탁	① 서울올림픽기념국민체육진흥공단은 체육진흥투표권 발행 사업을 효율적으로 수행하기 위해 대통령령으로 정하는 바에 따라 문화체육관광부장관의 승인을 받아 서울올림픽기념국민체육진흥공단이 발행주식의 총수를 소유하고 있는 「상법」에 따른 주식회사(이하 "수탁사업자"라 한다)에게 체육진흥투표권 발행사업을 위탁해 운영하도록 한다. ② 제1항에 따라 체육진흥투표권 발행 사업의 위탁 승인 대상이 되는 수탁사업자는 다음 각 호의 모든 요건을 갖추어야 한다. 1. 체육진흥투표권 발행 사업 수행에 필요한 경제적 · 기술적 능력이 있을 것 2. 국내외에서 거짓이나 그 밖의 부정한 체육진흥투표권 발행 사업, 그 밖에 비슷한 사업 수행으로 처벌받은 사실이 없을 것 3. 그 밖에 대통령령으로 정하는 사항	제25조
유사행위 금지	① 서울올림픽기념국민체육진흥공단과 수탁사업자가 아닌 자는 체육진흥투표권 또는 이와 비슷한 것을 발행(정보통신망에 의한 발행을 포함한다)해 결과를 적중시킨 자에게 재물이나 재산상의 이익을 제공하는 행위(이하 "유사행위"라 한다)를 해서는 아니 된다. ② 누구든지 다음 각 호의 어느 하나에 해당하는 행위를 해서는 아니 된다. 1. 「정보통신망 이용촉진 및 정보보호 등에 관한 법률」 제2조 제1항 제1호에 따른 정보통신망을 이용해 체육진흥투표권이나 이와 비슷한 것을 발행하는 시스템을 설계 · 제작 · 유통 또는 공중이 이용할 수 있도록 제공하는 행위 2. 유사행위를 위해 해당 운동경기 관련 정보를 제공하는 행위 3. 유사행위를 홍보하거나 체육진흥투표권 또는 이와 비슷한 것의 구매를 중개 또는 알선하는 행위	제26조
수익금의 사용	① 수탁사업자는 매 사업연도 체육진흥투표권 발행 사업의 총매출액 중 제27조에 따른 환급금과 제28조에 따른 위탁운영비를 제외한 금액에 대하여는 문화체육관광부령으로 정하는 바에 따라 서울올림픽기념국민체육진흥공단으로 넘겨준다. ② 서울올림픽기념국민체육진흥공단은 제1항에 따라 수탁사업자로부터 넘겨받은 금액을 국민체육진흥계정에 출연하고, 그 결과를 문화체육관광부 장관에게 보고해야 한다.	제29조

〈표 2〉는 체육진흥투표권과 관련해 체육진흥법에 명시된 주요 내용을 보여준다.

체육진흥법 제24조는 체육진흥투표권의 발행사업자를 국민체육진흥공단으로 지정하고 있으며 체육진흥투표권이 불법 사행 행위로 규정 받지 않음을 정의하고 있다. 법 제26조는 국민체육진흥공단만이 체육진흥투표권을 발행할 수 있음을 명시하고 있으며, 유사한 형태의 스포츠 베팅 상품의 발행, 유통, 판매하는 행위를 금지해 국민체육진흥공단에서 발행하는 체육진흥투표권 이외의 스포츠 베팅은 모두 불법임을 규정하고 있다. 한편, 법 제25조는 체육진흥투표권 발행사업을 위탁하는 것과 관련된 조항인데 발행사업자인 국민체육진흥공단이 체육진흥투표권의 발행과 운영을 위탁할 수 있는 사업자에 대한 내용을 다루고 있다. 개정된 법에 의해 현재 수탁사업자인 ㈜스포츠토토코리아와의 계약 기간이 종료되는 2025년 7월 1일부터는 국민체육진흥공단이 100% 출자한 자회사를 통해서만 위탁운영이 가능함을 알 수 있다. 이에 따라 2025년 7월부터는 '스포츠토토'의 운영 공영화가 시작될 예정이다. 끝으로 법 제29조에는 체육진흥투표권의 판매로 인한 수익금의 사용에 관해 규정하고 있는데, 환급금과 위탁운영비를 제외한 수익금은 전액 국민체육진흥기금으로 편입됨을 알 수 있다.

경륜과 경정, 그리고 체육진흥투표권은 기금조성사업이라고 불리는 것처럼 국민체육진흥기금을 조성하는 데 주요한 역할을 하고 있으며, 이를 통해 스포츠 산업에 재정적인 기여를 한다. 스포츠 베팅 업종

〈표 3〉 **한국의 스포츠 베팅 업종별 매출·지출 구조와 수익금 배분**

구분	경륜, 경정	체육진흥투표권
매출·지출 구조	환급금 (72%)	환급금 (약 63.4%)
	제세 (16%)	사업운영비 (약 6.5%)
	수득금 (12%)[1]	수익금 (약 30.1%)
수익금 배분	국민체육진흥기금 (42%)	국민체육진흥기금 (100%)
	문화예술진흥기금 (24.5%)	
	청소년육성기금 (19.5%)	
	중소기업창업 및 진흥기금 (4%)	
	지방재정지원 (10%)	

1) 경륜, 경정의 수익금은 수득금에서 경주 개최비용, 사업준비금(0.6%), 손실보전 준비금(0.5%)을 제외하고 남은 금액임

별 국민체육진흥 기금 기여 정도는 〈표 3〉의 스포츠 베팅 업종별 매출 및 지출 구조와 수익금의 사용처를 통해 파악할 수 있다. 먼저 경륜과 경정의 경우, 매출의 약 72%가 환급금으로 이용자에게 돌아가고 있으며, 16%의 세금을 제외하고 남은 12%가 수득금으로 분류된다. 이때 수득금은 경주 개최비용, 사업준비금, 손실보전 준비금을 포함한 것으로 이들을 제외하고 남은 금액이 경륜, 경정의 수익금이 된다. 이 수익금의 42%가 스포츠 산업과 관련된 국민체육진흥기금으로 배분되고 있다. 한편, 체육진흥투표권의 경우, 매출의 약 63.4%를 환급금으로 사용하며, 수탁사업자의 사업운영비로 매출의 약 6.5%를 지출하고 남은 약 30.1%가 수익금으로 분류된다. 경륜, 경정과는 달리 체육진흥투표권의 수익금은 전액 국민체육진흥기금으로 편입되어 스포츠 산업으로 투입된다. 2023년 기준으로 경륜과 경정의 매출 합이

〈그림 6〉 **연도별 국민체육진흥기금 및 정부체육예산 비교**(단위: 억 원)

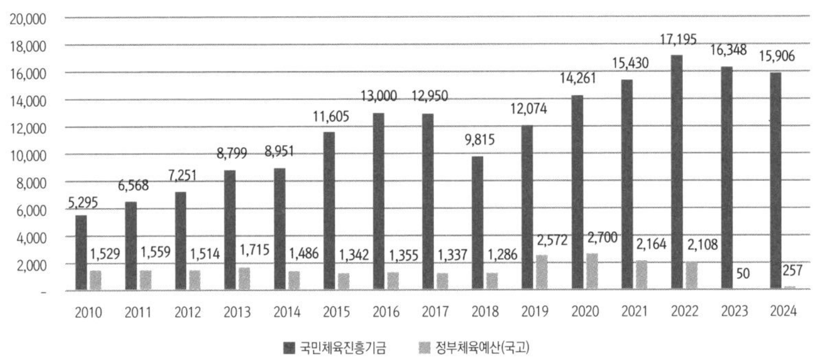

약 2조 3천억 원, 체육진흥투표권의 매출이 약 6조 1천억 원으로 체육진흥투표권의 매출 규모가 훨씬 크며, 매출액 대비 국민체육진흥기금으로 배분되는 비율도 체육진흥투표권이 압도적으로 높다는 점에서 스포츠 베팅이 스포츠 산업에 재정적으로 기여하는 비중은 체육진흥투표권이 대부분이라고 할 수 있다.*

그렇다면 스포츠 베팅의 수익금으로 조성된 국민체육진흥기금이 한국의 스포츠 산업에서 가지는 의미는 어느 정도일까? 재정적 기여 측면에서 그 역할은 압도적이다. 〈그림 6〉은 지난 15년간 한국의 스포츠에 투입된 국민체육진흥기금과 국고로 조성된 정부의 체육예산을 비교한 것이다. 2010년에 국민체육진흥기금이 5,295억 원, 정부체육예산이 1,529억 원으로 정부 체육예산의 약 3.5배였던 국민체육진흥기금은, 정부의 체육예산이 급감하기 전인 2022년 1조 7,195억

* 경륜, 경정의 매출 중 수득금 비율과 수익금의 국민체육진흥기금 배분 비율을 고려할 때, 국민체육진흥기금으로 배분되는 매출의 비율은 총매출의 약 5%에 미치지 못한다.

원으로 2,108억 원인 정부 체육예산의 약 8.2배에 달할 만큼 그 비중이 커졌다. 이는 국민체육진흥기금이 한국의 스포츠 정책에 있어서 중추적인 역할을 하고 있음을 단적으로 보여주는 것이며, 국민체육진흥기금을 조성하는 스포츠 베팅이 한국의 스포츠 산업에 기여하는 재정적 역할을 간접적으로 보여주는 것이다.

스포츠 베팅 사업의 수익금으로 조성된 국민체육진흥기금은 생활체육, 전문체육, 국제체육, 그리고 장애인체육까지 한국 스포츠의 모든 분야에 재정적 지원을 하고 있다. 〈표 4〉는 국민체육진흥기금의 분야별 지원 현황을 연도별로 보여준다. 2024년을 기준으로 분야별 지원 현황을 살펴보면, 국민체육진흥기금 지원 총액은 1조 3,765억 원이었으며, 생활체육 진흥에 사용된 기금이 5,584억 원으로 가장 많았고, 전문체육 4,376억 원, 국제체육 2,698억 원, 장애인체육 1,107억 원의 순이었다. 분야별 지원은 시기에 따라 그 규모가 탄력적으로 조정되었음을 알 수 있는데, 2018 평창 동계올림픽을 앞두고 국제경기와 전문체육에 대한 지원 비중이 높아졌던 것이 대표적이다. 이와 같은 국민체육진흥기금의 한국 체육에 대한 분야별 지원은 스포츠 베팅으로 창출되는 재원이 각 분야의 발전에 전방위적으로 기여함은 물론, 올림픽 같은 정책적 소요에도 효과적으로 활용되고 있음을 보여주는 것이다.

스포츠 베팅 사업 중에서도 체육진흥투표권은 국민체육진흥기금 조성에 있어서 약 90%를 담당할 만큼 스포츠 산업 발전에 재정적 기여가 크다. 〈표 5〉는 체육진흥투표권이 발행되기 시작한 2001년부터

〈표 4〉 **국민체육진흥기금 분야별, 연도별 지원 현황**(단위: 억 원)

	생활체육	전문체육	국제체육 등	장애인체육	소계
89~05	5,389	4,695	3,799	0	13,883
2006	1,520	646	55	70	2,291
2007	1,462	667	127	111	2,367
2008	1,434	640	288	216	2,578
2009	1,931	771	879	279	3,860
2010	1,692	1,080	2,303	220	5,295
2011	1,952	1,586	2,761	269	6,568
2012	2,229	1,237	3,423	362	7,251
2013	2,814	1,322	4,199	464	8,799
2014	2,089	2,072	4,161	629	8,951
2015	3,305	3,262	4,511	527	11,605
2016	3,455	4,098	4,852	595	13,000
2017	3,858	4,108	4,360	624	12,950
2018	3,664	3,283	2,250	618	9,815
2019	5,522	3,503	2,000	641	11,666
2020	6,466	3,766	2,089	871	13,192
2021	7,871	3,838	2,660	902	15,271
2022	6,492	3,980	2,755	897	14,124
2023	6,077	4,384	3,662	966	15,089
2024	5,584	4,376	2,698	1,107	13,765
계	74,806	53,314	53,832	10,368	192,320

2023년까지의 수익금 지출 현황을 보여준다. 수익금이 전액 국민체육진흥기금으로 편입되는 것으로 바뀌기 전인 2013년 이전 자료를 통해서 체육진흥투표권 수익이 어떻게 스포츠 산업으로 투자되었는

〈표 5〉 **체육진흥투표권 수익금 지원 현황**(단위: 백만 원)

	국민체육 진흥기금	경기주최 단체지원	문화체육 사업지원	월드컵대회 조직위지원	월드컵대회 경기장 건립비	공공체육 시설개보수	계
2001	214	71	71	71	285	-	712
2002	1,652	551	551	551	2,203	-	5,508
2003	2,120	707	707	-	3,534	-	7,068
2004	10,398	3,466	3,466	-	17,330	-	34,660
2005	34,269	11,423	11,423	-	57,115	-	114,230
2006	85,737	23,196	23,196	-	99,833	-	231,962
2007	281,742	35,218	35,218	-	-	-	352,178
2008	333,213	41,652	41,652	-	-	-	416,517
2009	365,756	48,767	48,767	-	-	24,384	487,674
2010	417,628	53,542	37,480	-	-	26,771	535,421
2011	395,123	50,657	35,460	-	-	25,328	506,568
2012	649,726	83,298	58,309	-	-	41,649	832,982
2013	733,154	93,994	65,796	-	-	46,997	939,941
2014	1,018,890	-	-	-	-	-	1,018,890
2015	1,092,432	-	-	-	-	-	1,092,432
2016	1,183,470	-	-	-	-	-	1,183,470
2017	1,292,157	-	-	-	-	-	1,292,157
2018	1,401,609	-	-	-	-	-	1,401,609
2019	1,558,166	-	-	-	-	-	1,558,166
2020	1,529,340	-	-	-	-	-	1,529,340
2021	1,772,770	-	-	-	-	-	1,772,770
2022	1,826,237	-	-	-	-	-	1,826,237
2023	1,842,889	-	-	-	-	-	1,842,889
계	17,828,692	446,542	362,096	622	180,300	165,129	18,983,381

지를 구체적으로 살펴볼 수 있다.

체육진흥투표권의 발행 취지 중 하나가 2002 월드컵대회의 개최 지원이었던 만큼, 발행 초기에는 월드컵대회 조직위에 대한 지원이 이루어졌다. 특히, 2006년까지 발행 후 6년간은 월드컵대회 경기장 건립비를 충당하는 데 약 1,803억 원이 투입되는 등, 월드컵 개최에 체육진흥투표권의 수익금 지원이 큰 역할을 했다. 또한, 2009년부터 2013년까지 약 1,651억 원이 공공체육시설 개보수에 지원되어 스포츠 베팅 수익이 스포츠 인프라 증진에도 중요한 역할을 했음을 알 수 있다.

체육진흥투표권 수익금을 통한 스포츠 지원 중 특히 주목할 만한 것이 경기 주최단체 지원이다. 스포츠 베팅의 대상이 되는 종목에 수익금을 지원함으로써 해당 스포츠도 스포츠 베팅 수익의 수혜를 받을 수 있도록 하는 것이다. 이는 민간사업자들이 주를 이루는 미국의 스포츠 베팅 시장에서도 '진실성 비용Integrity Fees'이라는 형태로 베팅의 대상이 되는 종목에 지불된다고 전술한 바 있다. 경기 주최단체 지원은 체육진흥투표권 발행 원년인 2001년부터 2013년까지 매년 전체 수익금의 약 10% 규모에서 이루어졌음을 알 수 있다. 2001년부터 2013년까지 약 3,621억 원이 경기 주최단체에 지원되었던 만큼, 이는 많은 종목이 체육진흥투표권 발행 대상 종목으로 편입되기 위해 애쓴 이유이기도 하다.

체육진흥투표권 수익을 통한 경기 주최단체 지원은 체육진흥투표권 수익금이 전액 국민체육진흥기금으로 편입되도록 바뀐 2014년

〈표 6〉 **주최단체 지원사업 관련 법령**

구분	세부 내용
국민체육진흥법 제22조(기금의 사용 등)	② 제1항에도 불구하고 제29조 제2항에 따라 국민체육진흥계정에 출연되어 조성된 재원 중 대통령령으로 정하는 배분 비율에 해당하는 금액에 대해서는 다음 각 호의 목적에 사용할 수 있다. 이 경우 그 시기 및 방법에 대해서는 대통령령으로 정한다. 2. 체육진흥투표권 발행 대상 운동경기를 주최하는 단체의 지원, 체육진흥투표권 비발행 대상 종목의 육성과 스포츠 공정성 제고를 위한 사업의 지원. 이 경우 지원 대상사업은 문화체육관광부령으로 정한다.
국민체육진흥법 시행령 제23조의2(국민체육진흥계정의 배분 비율 등)	① 법 제22조 제2항 각 호 외의 부분 전단에서 "대통령령으로 정하는 배분 비율"이란 100분의 20을 말하며, 지원 대상별 구체적 배분 비율은 다음 각 호와 같다. 2. 법 제22조 제2항 제2호에 따른 체육진흥투표권 발행 대상 운동경기를 주최하는 단체의 지원 및 체육진흥투표권 비발행 대상 종목의 육성과 스포츠 공정성 제고를 위한 사업의 지원: 100분의 10
국민체육진흥법 시행령 제29(체육진흥투표권 발행 대상 운동경기)	체육진흥투표권 발행 대상이 되는 운동경기의 종목은 축구·농구·야구·배구·골프·씨름과 그 밖에 문화체육관광부 장관이 정하는 종목으로 하되, 다음 각 호의 어느 하나에 해당하는 운동경기로 한다. 1. 다음 각 목의 요건을 모두 갖춘 운동경기 주최단체 중 문화체육관광부 장관이 지정하는 단체(이하 "주최단체"라 한다)가 개최하는 운동경기 가. 운동경기를 계획성 있고 안정적으로 개최할 수 있는 능력을 갖고 있을 것 나. 주최단체에 소속된 경기팀의 선수, 감독, 코치 및 심판에 관한 등록과 등록말소를 할 수 있는 권한을 갖고 있을 것 다. 개최하는 운동경기에 대한 경기규칙을 정하고 있을 것 2. 주최단체가 선수단을 구성해 참가하는 국내외 운동경기 3. 제1호 가목 및 다목의 요건을 구비한 국내외 운동경기(제1호 및 제2호에 따른 운동경기는 제외한다)
국민체육진흥법 시행규칙 제31조의2(지원 대상사업)	법 제22조 제2항 제2호 후단에 따른 지원 대상사업은 다음 각 호의 사업을 말한다. 1. 체육진흥투표권 발행 대상 운동경기를 주최하는 단체(이하 "주최단체"라 한다)의 프로스포츠 활성화 사업 2. 체육진흥투표권 발행 대상 종목의 유소년 및 아마추어 스포츠 활성화 사업 3. 주최단체의 은퇴선수 지원 및 부상선수 재활 사업 4. 체육진흥투표권 비발행 대상 종목 선수의 육성 사업 5. 체육진흥투표권 비발행 대상 종목의 경기 여건 개선 사업 6. 스포츠 공정성 인식 제고를 위한 교육 사업 7. 도핑, 승부조작 등 부정행위 방지 사업
문화체육관광부 훈령 제467호 체육진흥투표권 주최단체 지원 등의 사업비 집행규정 제5조(지원금의 집행대상)	① 지원금은 다음 각 호의 사업에 사용한다. 1. 체육진흥투표권 발행 대상 운동경기를 주최하는 단체(이하 "주최단체"라 한다)의 프로스포츠 활성화 사업 가. 각 주최단체의 프로스포츠 활성화 사업 나. 주최단체에 공통적으로 적용되는 프로스포츠 활성화 사업 2. 체육진흥투표권 발행 대상 종목의 유소년 및 아마추어 스포츠 활성화 사업 3. 체육진흥투표권 비발행 대상 종목의 육성을 위한 사업 가. 선수의 육성을 위한 사업 나. 경기 여건 개선을 위한 사업 4. 스포츠 공정성 인식 제고를 위한 교육 사업 5. 도핑, 승부 조작 등 부정행위 방지 사업 6. 주최단체의 은퇴선수 지원 및 부상선수 재활 사업

문화체육관광부 훈령 제467호 체육진흥투표권 주최단체 지원 등의 사업비 집행규정 제6조 (지원금의 집행대상별 배분기준)	지원금의 집행대상별 배분기준은 다음 각 호와 같다. 1. 제5조 제1항 제1호 가목의 사업에는 시행령 제29조 제1호 및 제2호에 의해 배분받은 지원금 전액을 사용하며, 주최단체 간 배분은 체육진흥투표권의 총 발매금액 중 각 주최단체가 관련된 종목에 대한 체육진흥투표권 발매 금액이 차지하는 비율에 따름 2. 제5조 제1항 제2호의 사업에는 시행령 제29조 제3호에 의해 배분받은 지원금의 100분의 40을 사용 3. 제5조 제1항 제3호의 사업에는 시행령 제29조 제3호에 의해 배분받은 지원금의 100분의 35을 사용 4. 제5조 제1항 제1호 나목 및 제4호 내지 제6호의 사업에는 시행령 제29조 제3호에 의해 배분받은 지원금의 100분의 25을 사용

이후에도 국민체육진흥기금 배분을 통해 계속 이루어지고 있다. 〈표 6〉은 국민체육진흥기금을 통한 주최단체 지원사업 관련 법령을 정리한 것이다. 국민체육진흥법 제22조의 2항 2호에 따라 국민체육진흥기금을 통해 경기 주최단체 지원이 이루어지는 구조에서도 체육진흥투표권 수익의 10%가 경기 주최단체 지원금으로 되고 있음을 알 수 있다. 또한, 경기 주최단체 지원이 국민체육진흥기금을 통해 이루어지기 시작한 2014년 이후부터는 체육진흥투표권 발매 대상 종목뿐만 아니라 발매대상이 아닌 종목들에 대해서도 지원이 이루어지고 있는 것도 알 수 있다. 이는 스포츠 베팅으로 창출된 수익의 수혜대상이 발행 대상 종목에 국한되지 않고 모든 종목이 혜택을 누리는 구조로 되어 있음을 시사한다.

〈표 7〉은 체육진흥투표권 수익금이 발행 대상 종목과 비발행 대상 종목에 어떻게 분배되는지 그 비율을 정리한 것이다. 수익의 배분은 국내 투표권 수익금과 해외 투표권 수익금으로 나누어 이루어진다. 국내 투표권 수익금은 프로스포츠 활성화 명목으로 발행 대상 종목에 전액 분배된다. 한편, 해외 투표권 수익금*은 유소년 및 아마추어 스

〈표 7〉 **체육진흥투표권 수익금의 사용**

구분	비율	지원내용
국내 투표권 수익금	100%	프로스포츠 활성화
해외 투표권 수익금	40%	유소년·아마추어 스포츠 활성화
	25%	정책 및 공통사업
	35%	비발행 종목 지원

포츠 활성화(40%), 정책 및 공통사업(25%), 비발행 종목 지원(35%)에 각각 배분된다.

그렇다면 체육진흥투표권 발행 대상 경기를 주최하는 단체들에 대한 지원은 어떠한 기준으로 분배하는 것일까? 체육진흥투표권 발행 대상 경기 주최단체에 대한 지원만 살펴보면, 국내 투표권 수익금으로 이루어지는 프로스포츠 활성화, 해외 투표권 수익금으로 이루어지는 유소년 및 아마추어 스포츠 활성화와 정책 및 공통 사업의 세 가지 지원 사업이라고 할 수 있다. 〈표 8〉은 이 세 가지 지원사업의 종목 간 배분 기준을 보여준다. 먼저 프로스포츠 활성화는 투표권 수익금의 종목별 기여 정도에 따라 분배하고 있다. 2022년의 경우, 수익금 기여 정도에 따른 종목별 비율은 야구가 37.6%로 가장 높으며 축구(27.6%), 남자농구(12.4%), 여자농구(8.1%), 배구(14.3%), 여자골프(0.009%), 남자골프(0.006%)의 순으로 나타났다.⁑

* 국내 경기가 아닌 해외 경기를 대상으로 발행한 '스포츠토토'의 판매를 통해 발생한 수익금을 의미하며 유럽 축구리그 경기, NBA 경기 등이 그 예이다.

⁑ 농구와 골프는 남자종목과 여자종목의 경기 주최단체가 분리되어 있다.

〈표 8〉 **주최단체 지원사업의 종목 간 배분 기준**

구분	배분 기준	종목별 비율(2022년)
프로스포츠 활성화	투표권 수익금 종목별 기여 정도	야구 37.6%, 축구 27.6%, 남자농구 12.4%, 여자농구 8.1%, 배구 14.3% 여자 골프 0.009%, 남자 골프 0.006%
유소년·아마추어 스포츠 활성화	종목별 성과 평가1)에 따른 예산 배분	축구 S등급, 야구 A등급, 배구 B등급, 농구 C등급
정책 및 공통사업	사업계획서 평가 결과	-

1) 유소년 아마추어 분야 및 프로스포츠 분야 각각 평가지표 5개

투표권 수익금을 종목별 기여 정도에 따라 분배한다는 것은 해당 종목의 경기가 많이 판매되었을수록 더 많은 지원금을 배분한다는 뜻이다. 하지만 앞서 살펴본 종목별 기여 정도에 따른 배분 비율은 실제 체육진흥 투표권의 종목별 매출 추이와 조금 다른 양상을 보인다. 〈표 9〉는 체육진흥투표권의 종목별 매출 추이를 보여주는 것이다. 체육진흥투표권이 가장 많이 팔리는 경기는 축구로 나타났는데 평균적으로 전체 매출의 약 58%가 축구 종목에서 발생하는 것을 알 수 있다. 야구는 두 번째로 체육진흥투표권이 많이 판매되는 종목으로 약 20%의 비중을 차지하며, 남자농구(9.5%), 여자농구(7.5%), 배구(4.7%)의 순으로 나타났고 골프 종목의 매출은 상대적으로 미미하다. 〈표 8〉과 〈표 9〉를 비교하면 종목별 매출 비중은 축구 종목이 가장 크지만 프로스포츠 활성화 지원사업으로 배분한 종목별 비율은 야구가 축구보다 더 높은 상반된 결과가 나타남을 알 수 있다. 이러한 차이는 프로스포츠 활성화 지원사업은 국내 투표권 수익금에서 배정되기 때문으로 추정된다. 축구는 국내 K리그 1, K리그 2뿐만 아니라 유럽 축구 리그, 호

〈표 9〉 **체육진흥투표권 종목별 매출 추이**(단위: 억 원)

	축구	농구(남)	농구(여)	야구	배구	골프(남)	골프(여)	계
2012	16,163	3,231	2,488	5,952	575	13	13	28,435
2013	16,985	3,820	2,646	6,307	1,007	8	10	30,783
2014	19,050	3,384	2,871	6,288	1,209	4	7	32,813
2015	20,424	3,469	3,021	6,065	1,509	2	4	34,494
2016	27,282	3,910	3,416	7,550	2,252	2	3	44,415
2017	24,916	3,596	2,604	9,051	1,820	2	2	41,991
2018	27,506	4,066	3,239	10,759	1,853	2	3	47,428
2019	28,668	5,113	3,766	10,476	3,071	1	4	51,099
2020	30,071	3,475	2,792	10,287	2,299	2	2	48,928
2021	33,636	5,284	4,303	10,328	2,640	2	2	56,195
2022	32,335	5,985	4,629	12,107	3,031	1	2	58,090
2023	34,566	5,641	4,207	13,152	3,798	1	2	61,367
계	311,602	50,974	39,982	108,322	25,064	40	54	536,038

주 A리그 등 해외 축구경기를 대상으로도 체육진흥투표권이 많이 발매되기 때문에 해외 투표권 매출의 비중이 상대적으로 높을 수 있기 때문이다. 해외 투표권 매출의 40%가 배분되는 유소년 및 아마추어 스포츠 활성화 사업에서는 2022년 기준으로 축구가 S등급으로 가장 높은 등급을 받아 가장 많은 예산을 배분받았음을 알 수 있다. 야구가 A등급, 배구가 B등급, 농구가 C등급으로 그 뒤를 이었다.

이렇게 종목별 주최단체 지원금 배분액은 투표권 수익금에 대한 종목별 기여 정도와 종목별 유소년 및 아마추어 스포츠 활성화 성과 평가에 의해 차등으로 분배되고 있다. 또한, 사업의 목적에 맞는 사업

〈표 10〉 **종목별 주최단체 지원금 배분액 비중**

구분	2021년 비중(%)	2022년 비중(%)
축구	40.2	39.7
야구	19.8	24.6
농구	18.5	14.6
배구	12.2	10.7
골프	1.7	1.8
종목 공통	7.6	8.2
잔액	0.0	0.4
합계	100	100

계획 수행에 대해 매년 평가를 시행해 사업비 집행률이 저조한 사업에 대해서는 다음 연도에 배분금을 감액하기도 한다. 이러한 방식으로 2021년과 2022년 분배된 주최단체 지원금 배분 비중을 종목별로 나타낸 것이 〈표 10〉이다. 축구가 40% 내외로 가장 많은 지원금을 배분받았으며, 야구, 농구, 배구, 골프의 순으로 배분되었음을 알 수 있다.

한편, 해외 투표권 판매금의 25%가 배분되는 정책 및 공통사업은 '스포츠 공정성 인식 제고를 위한 교육 사업', '도핑, 승부 조작 등 부정행위 방지 사업', 그리고 '주최단체의 은퇴선수 지원 및 부상선수 재활 사업'이 있다. 이 공통사업에 대한 지원 또한 각 사업의 사업계획서를 평가해 그에 따라 차등으로 배분하고 있다. 종목 공통사업으로 배분되는 지원금은 약 8% 내외로 나타났다.

2013년 이전에는 체육진흥투표권 발행 대상 경기의 주최단체만

이 지원금을 받을 수 있었다. 하지만 2014년 이후 체육진흥투표권의 수익금이 전액 국민체육진흥기금으로 편입되고 경기 단체 지원이 국민체육진흥기금을 통해 이루어지면서 체육진흥투표권 발행 대상이 아닌 종목의 주최단체도 스포츠 베팅 수익을 받게 되었다. 체육진흥투표권 비발행 대상 종목을 위한 지원사업은 '선수의 육성을 위한 사업'과 '경기 여건 개선을 위한 사업'이 있으며, 해외 투표권 수익금의 35%가 이와 같은 비발행 대상 종목 지원사업에 배분되고 있다. 물론 체육진흥투표권 발행 대상 종목이 되면 더 많은 지원금을 기대할 수 있지만, 스포츠 베팅으로 얻어진 수익의 혜택이 발행 대상이 아닌 종목으로도 돌아가고 있음을 의미한다.

지금까지 한국에서 스포츠 베팅 산업이 스포츠에 미치는 영향을 경기 주최단체에 대한 지원을 중심으로 살펴보았다. 하지만 국민체육진흥기금이 주로 스포츠 베팅 수익을 통해 조성되며, 국민체육진흥기금이 한국 스포츠 산업에 광범위하게 투자되고 있다는 점에서 스포츠 베팅 산업으로 인한 경제적 편익은 경기 주최단체에만 국한되지는 않는다. 오히려 경기 주최단체에 배정되는 국민체육진흥기금은 전체의 10%에 불과하다. 경기 주최단체 이외에도 국민체육진흥기금은 공공체육시설의 개보수 사업, 학교 체육 활성화 등 체육·문화예술사업, 스포츠 관련 단체 지원사업, 스포츠 산업 진흥 지원사업 등 한국 스포츠의 전 영역에 걸쳐 재정지원을 하고 있다. 이는 스포츠 베팅으로 창출된 재원이 공공의 스포츠 편익을 증진하는 목적으로 널리 쓰이고 있다는 뜻이다. 앞서 국민체육진흥기금과 정부 체육예산의 비율을 살펴본 것을 기억할 것이다. 한국의 스포츠는 국민체육진흥기금에 상당 부분 의존하고 있다고 해도 과언이 아니다. 그리고 이는 스포츠 베팅이 한국 스포츠를 먹여 살리는 큰 요소 중 하나임을 의미하는 것이기도 하다.

Part 3

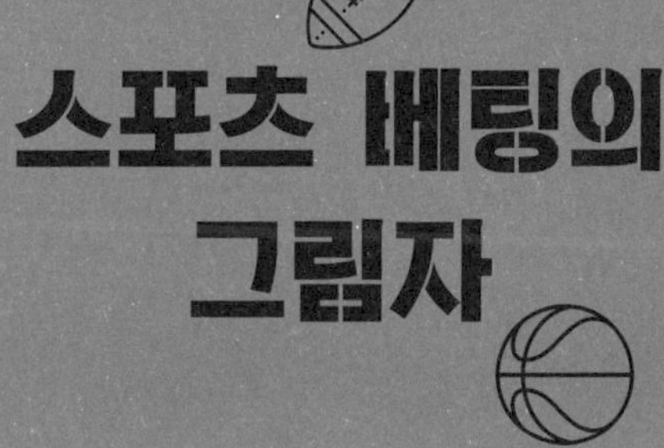

스포츠 베팅의 그림자

10 스포츠 베팅 중독사례_가상 인물

내 이름은 나건전이고 나이는 서른 살이다. 이른바 명문대에서 경영학을 전공하고 현재 중견 기업에 5년째 근무 중이다. 나는 연봉과 복지 혜택에 만족하고 있으며 당분간 이직할 계획이 없다. 워라밸을 중시하는 나는 비교적 성실하고 외향적인 성격으로 인해 주위에 항상 사람이 많고 주말이면 축구 동호회 활동을 하며 재미있는 삶을 영위하고 있다. 나는 운동신경이 뛰어난 덕분에 못 하는 운동이 없다. 특히 초등학교 때부터 유소년 축구클럽에서 4년 넘게 활동했고 최우수 선수상을 받은 경험이 있다. 현재 동호회 축구팀에서 포워드 포지션을 담당하고 작년부터 주장으로 활약하고 있다. 흔히 '엄친아'로 불릴 정도로 남들의 부러움을 사는 정도의 외모, 실력, 활발한 성격을 갖고 있다. 하지만 가끔씩 지나친 승부욕으로 인해 축구 경기 중 상대 수비수와의 불필요한 접촉과 말다툼으로 시비에 휘말리곤 하는 것은 숨기고 싶은 단점 중 하나다. 축구 경기 중 상대 수비가 거친 행동을 하면 자신도 모르게 과격한 성격이 돌출되곤 한다. 이를 잘 알지만 끓어오르는 감정을 짓누르는 건 쉽지 않다. 한동안 축구선수가 되고 싶은 그의 열망이 워낙 컸던 탓일까? 축구에 관해서라면 그 누구에게도 지고 싶지 않다. '어릴 때 했던 유소년 축구 경험으로부터 길러진 나의 경쟁심은 스포츠 도박 중독과 관계가 있을까?'

나는 또 다른 취미를 갖고 있다. 바로 축구 게임이다. 퇴근하고 집에 오면 가끔씩 나의 최애 게임인 PS5PlayStation5 EA FC24 축구 게임을 즐긴다. FC 모바일 게임에서는 내가 좋아하는 음바페, 손흥민, 김민재, 벨링햄, 살라, 호날두, 메시 등 최고의 선수들을 영입하는 데 돈을 아끼지 않는다. 어릴 때부터 유럽 축구는 물론 MLS(미국 축구 리그)까지 섭렵한 나는 리그, 구단, 선수들의 성적 등 축구에 관해서라면 그 누구에게도 지지 않을 정도의 지식을 갖고 있다. 물론 인터넷의 도움을 빌리지 않아도 될 정도로 축구에 관한 많은 지식이 머릿속에 잘 저장되어 있고 새로운 정보를 얻을 때마다 나의 머릿속 저장 메모리는 새로 업데이트된다. 축구에 관한 나의 지식은 친구들과 만날 때 더욱 빛이 나곤 한다. 챔피언십 리그, 유럽에서 활약하는 한국인 선수들의 활약상, 한국 국가대표팀의 올림픽, 월드컵, U-20 경기 예측까지 마치 축구 전문가다운 면모를 보여 친구들의 부러움을 산다. 나는 종종 친구들과 스포츠 바에서 함께 축구 경기를 보면서 심심풀이로 승부예측 게임을 한다. 각자 1만 원씩 내고 경기 결과를 맞히는 사람이 돈을 다 갖는 게임이다. 친구들끼리 재미로 하는 승부예측 게임에서 나는 거의 매번 이겼다. 승률로 따지면 80%가 넘었다. 시간이 지날수록 승부예측에 대한 '자부심'은 점점 커졌다. 축구 정보/통계를 많이 알면 알수록 스포츠 베팅에서 나는 더 많은 돈을 딸 수 있을까?'

나는 종종 축구전문 개인 방송을 보는데 가끔씩 내 생각과 전혀 다른 주장을 하는 진행자를 보고 비판을 하게 된다. 내가 아는 지식이 개인 방송 진행자보다 더 많다는 일종의 거만함이 발현하는 걸까? 아무리 생각해도 개인 방송 채널 진행자보다 내 분석이 더 합리적이라는 생각을 지울 수가 없다. 그래서 내 지식과 정보를 좀 더 많은 사람에게 알리고 싶은 마음이 생겨 축구 덕후들이 모인 소셜 미디어에 가입을 하고 온라인상으로 축구에 관해 이런저런 얘기를 나눌 수 있게 되었다. 축구 덕후들이 내가 생각했던 것보다 훨씬 많아서 다소 놀랐다. 자칭 축구 덕후로 일컫는 이들은 자신들이 오랫동안 쌓아온 축구 지식을 그냥 취미로 여기지 않는 듯했다. 여기저기서 들려오는 이들의 대화는 스포츠 베팅으로 종결되었다. 이들은 경기에 대한 서로의 분석을 공유하는 동시에 불법 스포츠 베팅을 즐겼다. 채팅방에 올라오는 글들은 "스포츠 베팅에서 얼마를 땄네"부터 다음 경기 예측까지 다양했다. 심지어 스포츠 베팅을 잘 모르거나 관심이 없는 사람들에게도 유럽 공식 스포츠 베팅 사이트를 불법으로 우회해 쉽게 접근할 수 있는 방법을 알려줬다. 물론 불법 스포츠 베팅 사이트나 베팅 방법을 몰랐던 건 아니다. 고등학교 때부터 지금까지 주위에서 불법 스포츠 베팅을 하는 친구들이 꽤 있었고, 이들이 돈을 잃을 때마다 얼마나 불평하고 좌절했는지를 곁에서 지켜봤던 경험이 있다.

'소셜 미디어를 통한 가상공간에서의 만남은 스포츠 도박 중독에 어떤 영향을 미칠까?'

나는 한국에서 스포츠토토가 합법이라 스포츠 베팅에 대한 거부감은 그리 크지 않았다. 스포츠토토에 관심이 있었지만 정부에서 운영하는 탓인지 사용자에게 매우 불리한 환급률을 갖고 있었다. 비록 우회하는 방법을 쓰긴 하지만 영국 공식 스포츠 베팅 사이트에서 하는 스포츠 베팅은 환급률이 더 높았고 또한 왠지 믿을 수 있을 것 같았다. 어려서부터 영국 축구 경기장 광고판에서 많이 본 탓인지 불법이라는 생각과 이로 인한 죄책감은 생각보다 크지 않았다. 내가 가장 크게 걱정하는 것은 "내가 베팅한 경기를 정확하게 예측할 수 있을까"에 대한 것이었다. 베팅을 할까 말까 잠시 고민하다 내가 가장 잘 알고 좋아하는 팀의 경기에 베팅을 했다.

'일반 사람들도 스포츠 도박 중독에 빠질까?'

아니나 다를까 스포츠 베팅으로 돈을 버는 것은 결코 쉽지 않았다. 물론 이기고 지고 하는 과정을 거치면서 큰 손해를 보진 않았다. 한번은 스포츠 베팅에서 한 번에 200만 원을 딴 적도 있는데 이때의 쾌감은 쉽게 잊히지 않았다. "내가 좋아하는 축구 경기를 보면서 동시에 치킨값 정도를 벌자"는 단순한 생각으로 시작한 스포츠 베팅은 나에게 또 하나의 즐거움과 재미를 줬다. 축구를 좋아하는 사람들과 내 전문지식(?)을 공유할 수 있는 플랫폼을 통해 나는 점점 더 덕후 중의 덕후로 인정을 받았고, 이로 인해 나의 자존감은 올라갔다. 경기 예측과 선수들의 경기력을 분석해 다른 사람들과 공유하면 이를 이용해 스포츠 베팅에 돈을 딴 사람들이 나에게 고마워할 때의 기쁨과 보람은 이루 말할 수가 없다. 나는 퇴근하고 시간이 날 때마다 좀 더 섬세하고 예리한 경기 예측을 하기 위해 다양한 스포츠데이터/베팅 업체에 적잖은 구독료를 내고 경기 관련 공식자료를 받았다. 승부 예측이 어긋날 경우 이 업체는 경기 후 분석 리포트를 제공했다. 리포트의 대부분은 내가 아는 내용이었고 내가 부주의한 탓에 세밀하게 신경을 쓰지 못함을 일깨워주는 일종의 반성 노트였다. 경기 후 리포트를 읽을 때마다 나는 각오를 했다. "다음부터는 이런 실수를 하지 말아야지."

'스포츠 베팅 업체들은 왜 경기 관련 선수 및 팀의 정보와 통계데이터를 무료로 제공할까?'

스포츠 베팅은 어느새 내 삶 깊숙이 파고들었다. 내 전문 지식을 활용해 내가 좋아하고 잘 아는 축구 경기를 보면서 베팅을 하는 건 너무나 당연했고, 자연스러운 행동이었다. 내 안에 더 이상 불편하고 꺼림칙한 감정과 죄책감은 존재하지 않았다. 내가 주로 이용하는 스포츠 베팅 사이트는 다섯 개 정도 되는데 3개의 계좌를 갖고 있다. 각 사이트에서 보내오는 프로모션, 무료 쿠폰, 보너스 포인트, 현금 서비스, 각종 이벤트 행사에 따라 혜택이 좋은 사이트를 이용하곤 한다. 불법 사이트이다 보니 가끔씩 폭파(?)되어 없어질 가능성에 대비해 여러 개의 멤버십을 갖게 된 이유도 있다. 스포츠 베팅 사이트에서는 고맙게도(?) 승부 예측에 필요한 각종 경기와 선수들에게 대한 통계 자료를 보내주었다. 대부분은 내가 구독한 스포츠데이터 업체로부터 받는 자료에 비해 그 내용의 깊이와 양이 부족하긴 했지만 가끔씩 내가 미처 생각지도 못한 결정적 정보가 실려 있기도 해서 이 자료를 아예 무시할 수가 없다. 그리고 이러한 자료 중간에 있는 문구는 나를 자극한다. "경기 분석에 대한 꾸준한 노력으로 스포츠 베팅에서 승리할 수 있습니다. 여러분의 승리를 기원합니다." 스포츠 베팅 업체는 내가 스포츠 베팅에서 승리하고 싶은 강렬한 욕구를 알고 있는 듯했다.

'특정인들의 경우만 중독 증세를 보일까?'

'내가 등록한 스포츠 베팅 멤버십과 도박 중독과는 어떤 관계가 있을까?'

스포츠 베팅을 한 지 3년 반이 지났다. 나의 근면 성실한 태도와 실력을 인정받아 과장으로 승진했다. 동호인 축구팀에서 나는 여전히 주장을 맡고 있고, 올해에는 사회인 축구대회에서 준우승을 차지하기도 했다. 내 주변에는 여전히 사람들이 많았고, 사람들과 스포츠 바에서 축구 경기를 함께 관람하고 있다. 달라진 게 하나 있었다. 바로 축구 경기에 베팅하는 빈도와 액수였다. 거의 매일 스포츠 베팅을 즐겼고 예전 수준의 다섯 배가 넘는 금액을 베팅했으며 금액이 커질수록 경기 내용에 집중하기가 어려워졌다. 내가 그토록 좋아하는 팀과 선수들에 대한 열정은 많이 식었다. 어떤 선수, 어떤 팀이건 간에 결정적인 실수로 인해 내게 금전적 손해를 끼쳤다면 나는 참을 수 없는 분노를 느꼈고 용납하기 어려웠다. 승부예측에서 손해를 보게 만든 선수들에 대한 원망은 점점 커졌다. 90분 경기를 편안히 앉아서 보던 나의 모습은 이제 더 이상 찾아보기 힘들게 되었다. 내가 베팅한 팀이 이기고 있는 순간에도 언제 경기 결과가 뒤집힐지도 모른다는 불안과 초조 증세는 점점 커졌다. 친구들과 함께 경기 직관 중 보이는 나의 초조함에 친구들도 서서히 걱정하기 시작했다. 더 이상 맘 편히 축구 경기를 보지 못하는 지금의 내가 되기까지 얼마나 걸렸을까? 3년 반이었다.

'나건전 같은 일반인이 도박 중독 증세를 보이기까지 얼마의 시간이 걸릴까?'

하지만 나는 나를 절대 '도박 중독'이라고 생각하지 않는다. 혹시나 걱정이 돼서 인터넷을 통해 도박 중독자들의 특성에 대해 알아보니 나는 해당되지 않는 듯했다. 도박 중독자는 대개 저학력자, 청소년과 노년층, 무직이나 계약직, 비전문직 등의 공통된 특성을 갖는데 나는 이러한 특성과는 거리가 먼 듯했다. 그래서 전문가의 상담을 받을 필요성을 전혀 느끼지 못했다.

'일반 도박 중독과 스포츠 도박 중독자 사이에는 무슨 차이가 있을까?'

일반 도박 중독자와 스포츠 베팅 도박 중독자 사이에 큰 차이가 있다. 청소년, 젊은 남성, 풀타임 직장인, 고학력자일수록 스포츠 베팅 중독에 더 약한 경향이 있다. 이것은 일반 도박 중독자와는 정반대이다.

시간이 가면 갈수록 나건전의 불안과 초조 증세는 점점 심해졌고, 그의 계좌에도 심각한 문제가 생겼다. 꽤나 높은 연봉을 받는 미혼인 그의 지갑은 이미 마이너스였으며 과거로 되돌리기에는 이미 상당한 금전적 손실을 입었다. 그뿐이 아니다. 그전에는 명절이나 가족 행사 때마다 두툼한 봉투를 부모님께 드렸던 그였지만 이제는 이런저런 핑

계를 대고 부모님들과 만남을 피하고 싶어 한다. 베팅에 필요한 돈이 정말 간절할 때는 아주 좋은 투자기회가 생겼다는 거짓말까지 하며 부모님들과 형제들에게 돈을 빌리기도 했다. 심지어 초등학교 시절부터 알고 지냈던 절친 3명과 회사 동료 3명에게도 돈을 빌렸다. 계획한 바와 달리 스포츠 베팅에서 돈을 잃고 나자 친구들에게 돈을 갚을 능력이 없던 나건전은 돈을 빌려준 절친과 사이가 벌어졌다. 직장에서도 그의 입지는 좁아졌다. 회사에 가서도 일에 집중하기가 쉽지 않다. 보고서의 마감일을 맞추지 못하거나 업무처리 능력이 부족하다는 이유로 상사에게 핀잔을 자주 듣게 되었다. 직장 후배들이 빠른 속도로 치고 올라오는 모습을 보고 상대적 박탈감은 물론 절망감까지 들었다. 승승장구하던 모습은 이제 과거일 뿐이고 언제 해고당할지 모른다는 두려움은 점점 커졌다. 도박 중독 콜센터 1336에 전화를 걸었다. 상대방이 전화를 받자 나는 전화를 끊고 말았다. 지금 이 현실을 도저히 받아들일 수 없었다. 내가 왜 이렇게 됐을까? 이제는 더 이상 나의 증세를 모른 척 지나칠 수 없어서 지금까지의 일을 부모님께 말씀드렸다. 나는 부모님이 소개한 정신건강의학과에서 도박 중독 상담을 받기 시작했다.

'도박 중독은 가족/친지/지인을 포함 보통 몇 명에게 피해를 입힐까?'

'10명 정도에게 피해를 입힌다'는 연구 결과가 있다. 알코올 중독의 경우는 알코올 중독자 한 사람의 인생에 영향을 끼치지만 도박 중독은 본인뿐 아니라 주변인들에게 피해를 입히기 때문에 더욱 철저한 예방과 교육이 필요하다.

도박 중독 검사 결과 나의 도박 중독 증세는 생각보다 심각해서 약물치료, 상담 치료, 단도박 모임 등을 통해 다각적인 노력을 하기로 했다. 도박 중독 치료는 결코 쉽지 않았다. 처음에는 내가 도박 중독이라는 사실을 인정할 수 없었다. 지금까지 별다른 어려움 없이 '엄친아'로서 남부러움 없이 잘 살아왔던 내가 도박 중독이라니! 몇 주 동안 끓어오르는 분노와 나 자신에 대한 실망으로 망연자실했다. 얼마나 많은 눈물을 흘리며 자책을 했던가? 나는 앞으로 어떻게 살 것인가? 내가 정말 도박 중독으로부터 벗어날 수 있을까?

도박 중독 치료에 전념하기 위해 나는 직장을 그만둘 수밖에 없었다. 이미 회사에 소문이 퍼졌고, 내가 직장 동료들에게 준 피해가 상당한 탓에 아무 일 없듯 회사로 다시 돌아간다는 건 어려운 일이었다. 병원에서 MRI 검사를 한 후 나의 뇌가 일반인들과 다르다는 사실을 알았다. 도박이라는 단어를 상상할 때 나오는 도파민의 분비량이 비정상적으로 많았을 뿐만 아니라 쾌락의 기억을 담고 있는 전두엽 부분은 유난히 밝게 빛나고 있었다. 도박 중독은 나의 뇌까지 영향을 미쳐 이제는 남들이 가지 않은 길을 가야 한다. 정신건강의학과 전문의 선생님은 나에게 이런 말을 했다. 도박으로부터 망가진 나의 뇌를 예전의 것으로 돌릴 수 있는 방법은 없지만 도박으로부터 치유되도록 최선을 다해보자고.

나는 쾌락에 직접적인 영향을 미치는 도파민의 양 조절, 충동성 제어에 도움이 되는 약물치료와 내 도박 행위를 멈추기 위한 전문가 상담 치료를 동시에 받았다. 상담 치료는 3개월 동안 지속적으로 받았다. 치료를 받는 이 3개월간 나는 그동안 내가 저지른 무책임한 베팅 행위에 대해 깊이 반성하고 다시는 스포츠 베팅을 하지 않겠다고 다짐했다. 그동안 베팅으로 큰 돈을 잃을 때마다 자책하고 비슷한 결심을 했지만 이번에는 달랐다.

'나는 도박 중독으로부터 영원히 벗어날 수 있을까?'

우리가 도박이나 마약을 하면 도파민이 분비되어 쾌락을 느낀다. 하지만 이 쾌락의 끝은 절망의 시작이다. 쾌락의 역설이다.

스포츠 베팅으로 큰돈을 벌겠다는 생각이 옳지 않고 앞으로 다시 직장을 얻어 성실하게 생활하겠다는 굳은 다짐을 하며 또 한 번 눈물을 흘렸다. 가족들 역시 나의 회복에 기뻐하며 의사 선생님께 고마워했다. 3개월 동안 굳은 의지가 낳은 결과일까? 나는 결국 오래전의 웃음을 되찾았고 인생의 2막을 새롭게 시작할 수 있다고 믿었다.

일상으로 돌아온 나는 새로운 경력직을 찾아 분주히 움직였다. 예전에 알던 네트워크를 총동원해 취업 추천을 받기도 했다. 하지만 원하는 일자리를 얻기가 생각보다 어려웠다. 내가 원하는 대기업과 중견 기업에 원서를 냈지만 연거푸 퇴짜를 맞았다. 간혹 중소기업에서 오퍼가 왔지만 내가 전에 받던 기업과 비교해 한참 낮은 연봉을 제시해 내가 거절했다. 시간은 점점 흘렀다. 취업 스트레스는 높아졌고, 집에 오면 불안감이 다시 커졌다. 스트레스를 풀기 위해 냉장고에서 맥주 한 캔을 따서 마시려는 데 갑자기 핸드폰이 진동했다. 문자가 한 통 온 것이다. 그것도 불법 스포츠 베팅 업체에서. 문자 내용을 애써 외면하려 했지만 다시 호기심이 발동했다. 문자에 있는 링크를 클릭했다. 내가 과거에 사용했던 불법 스포츠 베팅 사이트가 눈에 들어왔다. 혹시나 해서 내 예전 ID와 비밀번호를 눌렀다. "음, 당연히 안 되겠지?" 하는 생각이 강했지만 한편으로는 "내 계좌가 아직 살아있었으면"하는 바람도 없지 않았다. 천만다행일까? 아니면 절망의 또 다른 시작일까? 나는 어느덧 스포츠 베팅 종목을 스크롤하고 있었다. 내 인생은 이제 어떻게 될까?

도박 중독은 완전한 치료가 없다. 그래서 중독 치유 혹은 중독으로부터의 회복이라고 부른다. 도박 중독은 치료하는 3개월 동안 증세가 급격히 좋아진다. 이 기간에는 죄책감이 높고 반성의 자세를 갖게 된다. 하지만 이 기간이 지나면 도박의 유혹은 다시 시작된다.

11 스포츠 베팅과 중독

글로벌 스포츠 시장에서 스포츠 베팅이 영국, 호주, 미국 등 선진국들을 중심으로 합법화되면서 국내에서도 스포츠 베팅 시장에 관심이 높아지고 있다. 앞에서 언급한 것처럼 스포츠 베팅을 스포츠 산업 발전의 중요한 성장동력으로 인식하고 글로벌 카지노 기업들이 시장에 진출하기 전에 국내 스포츠 베팅 비즈니스의 규모와 범위를 확대하려는 시도가 감지되고 있다. 하지만 스포츠 베팅과 같은 사행산업이 지닌 잠재적 문제점으로 인해 스포츠 베팅을 본격적으로 확대하기가 쉽지 않아 보인다. 그중에서 가장 큰 것은 바로 스포츠 베팅의 중독 위험성이 다른 카지노 게임에 비해 상당히 높다는 것이다. 스포츠 베팅 업체들은 이러한 위험성에 대해 고객들에게 적극적 고지를 하지 않고 있으며 스포츠 베팅 중독에 대한 책임은 결국 고객들 자신에게 돌아간다.

둘째, 스포츠 베팅으로 인해 금전적 손실 가능성이 매우 크다는 것이다. 고객들의 소득 규모와 재정 상태 등에 따라 적정 규모의 금액이 베팅에 사용되어야 하지만 실제로는 그들이 감당하기 어려울 정도의 금전적 손실의 위험성을 감수해야 하는 상황에 놓일 수 있다. 스포츠 베팅 중독은 결국 금치산자와 같은 경제적 파산자 양산 가능성을 높일 수밖에 없다.

셋째, 스포츠 베팅에 대한 교육 부재, 관리 부실 및 광고에 대한 과도한 노출은 청소년 및 도박 중독자들에게 매우 심각한 영향을 끼칠 수 있다. 실명 확인제와 도박 중독 예방프로그램이 존재하긴 하지만 실제로 얼마나 효과가 있는지에 대해 많은 의문이 제기된다.

넷째, 스포츠 베팅의 합법화를 주장하는 사람들이 자주 주장하는 내용 중 하나는 바로 불법 스포츠 베팅이 사라진다는 것이다. 하지만 이에 대한 명확한 근거는 존재하지 않는다. 미국의 일부 주에서 여가용 대마초 판매를 합법화한 후 많은 이들이 대마초 암시장이 줄어들 것으로 기대했지만 실제는 그것과 차이가 있었다. 오히려 신규 대마초 고객들을 시장으로 끌어들이는 결과를 불러왔다. 합법 대마초 판매소에서 대마초를 사기를 기대했지만 암거래 시장에 비해 가격이 비싸 암거래 시장은 여전히 성행하고 있다. 특히 합법 대마초 판매에 부여되는 높은 세율은 대마초 암시장을 없애는 데 오히려 방해가 되고 있는 아이러니한 상황이 연출되고 있다. 마찬가지로 스포츠 베팅을 합법화해 시장을 개방할 경우 합법적인 스포츠 베팅 복권에 매겨지는 높은 세금으로 인해 상당수의 이용자들은 불법 스포츠 베팅 시장을

프랑스 파리의 한 스포츠 베팅 매장

여전히 떠나지 못할 수도 있다. 또한, 글로벌 스포츠 베팅 업체들의 배당률이 불법 스포츠 베팅 업체들에 비해 낮을 수밖에 없기 때문에 불법 스포츠 베팅 시장은 계속 존재할 것으로 판단된다.

다섯째, 스포츠 베팅을 반대하는 사람들의 주장은 바로 스포츠 베팅을 통한 일자리 창출은 한계가 있을 수밖에 없다는 것이다. 새로운 카지노가 들어설 때 반짝 나타나는 딜러 등의 직원을 고용하는 효과는 얼마 지나지 않아 사라진다는 주장이다. 실제로 전 세계 카지노 시장에서 볼 수 있는 고용 효과는 지속성이 떨어지고 그 지역을 스스로 고립시켜 결국 양질의 일자리 창출이 어려워진다는 것이다. 2000년 10월 강원랜드가 처음으로 개장했을 때 딜러, 호텔 직원 등 많을 일자리가 창출될 것이라 기대했지만 그건 착시현상일 뿐이었다. 개장했을 때 잠시 반짝한 고용이 전부였고 정선 사북읍은 다시 위기에 봉착하고 말았다. 마지막으로 스포츠 베팅으로 인해 정부가 1달러의 세수를 얻을 때 스포츠 베팅으로 인한 사회적 비용은 3~7배에 달할 만큼 그 비용이 상당하다는 것이다. 또한, 정상적인 사람이 도박 중독 증상을 보이기까지 걸리는 시간은 약 3년 반 정도밖에 걸리지 않기 때문에 그 위험성을 결코 간과할 수 없다는 것이다.

정부와 관계 당국의 노력에도 불구하고 스포츠 베팅 중독자는 끊임없이 증가하고 있다. 도박 질환자는 알코올 중독과 같은 약물 중독 장애와 다르게 접근해야 한다. 약물 중독 장애는 뇌에 영향을 주어 지능의 핵심인 회백질의 감소[Grey Matter]를 가져오지만 도박 중독은 회백질의 감소를 보이지 않는다. 반면 도박 장애와 약물 중독 장애의 공통점은 바로 회백질에 이상을 보인다는 것이다. 그 이유는 도박으로 야기된 점진적 신경적응 상태[Neuro Adaptation]가 되기 때문이다. 다시 말해서 도박 장애는 약물 등의 과도한 노출에 따른 물질 장애가 아닌 일종의 학습 장애 성격을 지닌다. 도박 질환자들은 일반인들에 비해 즉각적인 보상[Immediate Reward]과 연관된 뇌 부분에서 더 많은 도파민이 분비되는 반면 일반인들은 장기적 보상[Long-Term Rewards]과 관련된 뇌 부분에서 도파민이 더 많이 분비된다. 좀 더 구체적으로 설명하면, 도박 질환자들은 복부 선조[Ventral Striatum]에서 더 많은 도파민이 분비된다. 이를 감정 발생기[Emotional Generator]라고 부르는데, 일반인들은 강렬한 사랑과 관계를 나타내는 사진을 볼 때 활성화되는 반면 도박 질환자들은 도박을 할 때 이와 비슷한 감정을 느낀다. 반면에 일반인들은 외측 전전두엽 피질에서 더 많은 도파민이 분비되는데 계획, 행동 억제Behavioral Inhibition, 의사 결정과 같은 고차원 인지 조절Higher-Order Cognitive Control을 할 때 경험한다.

또 다른 차이는 바로 도박 질환자들은 다른 일반인들에 비해 도파민이 비정상적으로 분비된다는 것이다. 도박 질환자의 경우 도박 게임에서 이길 때와 질 때 모두 도파민이 분비되지만 일반인의 경우 도파민은 이길 때만 나타나고 질 때는 도파민이 분비되지 않는다. 도박 장애의 경우 바로 패배 추종Loss-Chasing이라는 공통된 특성을 갖는다. 패배 추종은 부정강화Negative Reinforcement의 표현으로 강박Compulsivity의 형태를 띠는데 수많은 패배에도 불구하고 지속적인 도박을 가능하게 만든다. 실제로 카지노업체들은 니어 미스 효과Near-Miss Effect-미완성 효과라고 부르며 로또나 게임 등을 할 때 아깝게 승리를 놓쳤을 때 드는 기분을 나타낸다-를 이용해 더 많은 자극을 하고 있다. 슬롯 머신의 경우 '안타깝게 잭팟을 놓쳤다'는 느낌을 갖도록 게임 화면을 구성하고 있다. 결국 도박 장애를 가진 사람들은 니어 미스 효과로 인해 스포츠 베팅에서 연속적으로 지더라도 보상에 대한 간절함이 더욱 증가하게 되는 것이다. 이와 같은 스포츠 베팅이 지닌 심각하고 중대한 위험성에도 불구하고 스포츠 베팅을 산업적 관점으로만 바라보고 이의 장점만 부각시키려는 경향이 강하다.

스포츠 베팅의 위험 요인 연구

그동안 스포츠 베팅의 산업적 가치에 대한 연구는 많이 진행되었다. 스포츠 베팅이 허용될 경우, 스포츠 베팅을 통한 정부의 세금 수입이 증가할 뿐만 아니라 해당 스포츠경기의 생방송 시청률이 늘어난 방송국 및 스포츠리그/구단에도 긍정적 영향을 미친다는 것이다. 또한, 스포츠 베팅은 여가/레저 활동으로 인식되어 많은 스포츠 팬들에게 재미와 즐거움을 선사한다는 것이다. 그중에서도 특기할 만한 연구는 바로 스포츠 베팅의 위험성에 쉽게 노출되는 부류의 인구통계학적 분석과 이들의 베팅 행태에 관한 연구이다.

스포츠 베팅은 다른 도박 중독과는 다른 특성이 있는데 바로 인구통계학적 특성으로 확인된다. 즉, 결혼을 하지 않은 싱글일수록, 교육수준이 높을수록, 그리고 안정된 직장이 있을 경우에 스포츠 베팅의 위험에 노출될 확률이 더 커진다는 것이다.[7] 특히 20대의 젊은 성인들은 다른 연령 그룹에 비해 스포츠 베팅 중독에 빠질 확률이 매우 높다는 것은 스포츠 베팅이 다른 도박 중독과의 커다란 차이점이라고 할 수 있다.[8]

반면에 스포츠 베팅 중독자들은 다른 도박 중독 행위와 유사한 패턴을 갖기도 하다. 베팅 경험이 많을수록, 베팅 금액이 커질수록, 여러 개의 도박 운영 업체의 계좌를 보유할수록, 그리고 온라인과 오프라인 등 스포츠 베팅 접속 방법이 다양할수록 도박 중독 가능성은 커진다는 것이다.[9] 이러한 이유로 호주에서는 경기중 베팅In-Game Betting

을 철저히 금지하고 있으며 호주 재무 카운슬링Financial Counselling Australia은 스포츠 베팅에 과도한 신용카드 사용, 카지노업체 대출, 대부업체를 통한 도박 자금 등에 관해 조사를 벌여 고객들을 보호하기도 한다. 심리학적 위험 요인 역시 스포츠 베팅 도박 질환과 연관되어 있다. 스포츠 베팅을 하는 데 해석의 오류Interpretive Bias를 가졌거나, 통제의 환상Illusion of Control에 쉽게 빠지거나, 예견 능력의 오류Predictive Control를 가진 사람일수록 그 위험성은 증가한다.[10] 해석의 오류를 가진 사람들은 경기 결과를 맞히지 못했더라도 그 결과의 원인을 다 이해했기 때문에 다음 경기의 결과를 맞힐 수 있다고 잘못된 해석을 하기 쉽다. 통제의 환상의 경우 스포츠 베팅의 본질인 행운보다 철저한 경기력 분석 능력에 달려있다고 믿는 경향이 있다. 이러한 잘못된 신념을 갖는 사람들은 도박 질환에 노출된 가능성이 크다는 것이다. 또한, 도박 중독자들은 알코올 사용 빈도가 높은 편인데 스포츠 베팅을 이용하는 고객 중 최대 73.2%가 술을 마시는 경향이 있다.[11] 따라서, 음주 행위는 스포츠 베팅 중독에 영향을 미치는 잠재적 요인으로 포함할 수 있다.

• 현재 하고 있는 업무에 대해 간략히 설명해 주세요.

“문화체육관광부 산하 기타공공기관인 한국 도박문제 예방치유원에서 국내 도박문제와 관련한 예방·홍보·치유 관련 사업들을 담당하고 있습니다.”

-현재 한국의 스포츠 베팅 중독이 얼마나 심각한가요?

“우선, 합법적인 스포츠 베팅인 스포츠토토의 매출도 꾸준히 증가하고 있습니다. 2023년에는 매출이 약 6조 1,367억 원에 달했으며, 이는 2014년 약 3조에서 10년간 2배로 증가한 수치로 스포츠 베팅에 대한 관심이 점점 더 커지고 있다는 것을 보여줍니다. 사행산업통합감독위원회의 제5차 불법도박 실태조사에 따르면 불법 스포츠 도박의 경우, 매출 규모 추정치는 약 21조 원에 달합니다. 본인 도박문제로 상담 접수하는 대상자 중 스포츠 베팅 비율은 2022년 약 37%, 2023년 약 34%로 카드·카지노류를 제외하고 가장 높은 비율입니다.”

• 도박 혹은 스포츠 베팅 중독을 경험하는 사람들 중 10대도 많은가요? 성별에 따른 특징이 있나요?

“한국 도박문제 예방치유원 2022년~23년 접수 현황 기준, 본인 도박문제로 상담 접수하는 청소년 대상자 중 98% 이상은 남학생이며, 성별에 따른 특징을 분석하기에는 여성 청소년 수가 20명 이하로 미미합니다. 청소년 접수자 중 스포츠 베팅 비율은 2022년 약 28%, 2023년 20%로 나타났습니다.”

• 업무를 하면서 느끼는 어려움과 장벽은 무엇인가요?

"도박문제와 관련한 업무에서 느끼는 어려움은 아래와 같습니다.

① 문제 인식 부족

도박이 문제라는 인식이 부족한 경우 많습니다. 이를 단순한 여가활동이나 투자로 생각하는 경우도 많기 때문에 상담을 받으러 오는 경우에도 치유 동기가 매주 낮습니다.

② 비밀 유지

청소년이나 성인 모두 도박문제가 오픈되는 것을 꺼리며 문제를 다루기 부담스러워합니다. 이로 인해 도박문제 발생 시 조기에 개입해 문제가 커지기 전에 사전에 해결하거나 개입하는 것에 어려움이 있습니다.

③ 환경적 요인

도박문제는 가정환경, 친구 관계, 사회생활 등 다양한 환경적 요인과 밀접하게 연결되어 있습니다. 특히 청소년의 경우에는 도박을 시작하는 요인(경로)으로 가장 많은 비율을 차지하는 것이 '주변 친구 및 지인' 이며 청소년기엔 특정한 이러한 또래 압력을 무시하기 어렵습니다. 이러한 외부 요인들로 인해, 청소년 개인만을 치료하는 데 한계가 있으며, 다양한 요인들을 파악하고 해결하는 데 시간이 오래 걸릴 수 있습니다.

④ 동반 문제(공존 질환)

도박문제에는 도박으로 인한 문제 이외에도 우울증, 불안, 대인관계 문제 등 다른 심리적 문제가 동반되는 경우가 많습니다. 도박문제와 동반 문제들 간 선후 관계, 인과관계를 확인해야 하고 동반 문제를 함께 해결해야 하므로 치료 난이도가 높은 편입니다."

• 상담하면서 기억에 남는 사례를 공유해주실 수 있나요?

"A는 축구를 좋아하는 20대 청년이었고, 친구들과 축구 경기를 직관하러 가거나 해외

리그 경기도 밤새워 볼 정도였습니다. 졸업 후 직장에 들어가면서 바빠졌고 상사와의 관계가 안 좋아지면서 스트레스 해소용으로 스포츠토토에 손을 대기 시작했습니다. 처음에는 소액으로 베팅하며 재미로 시작했지만, 시간이 지날수록 도박은 베팅액도 커져 신용카드 대출과 소액 대출까지 끌어쓰게 되었습니다. 하지만 가족이나 친구들에게 거짓말을 하고 돈을 빌리며 도박을 이어갔고, 그 결과, 인간관계는 완전히 파탄아 났으며, 여자친구와도 헤어지게 되었습니다. 그 결과 스트레스가 심해지면서, 직장에서도 문제가 나타나게 됐습니다. 집중력이 떨어지고, 업무에 대한 의욕이 사라지면서 상사와의 갈등이 더 심해졌고 권고사직까지 권유받은 상황이었습니다.

A는 부모님 권유로, 기관을 방문해 1년여 동안 상담과 치료공동체 프로그램에 참여했습니다. A는 상담을 하는 동안에도 여러 번의 재발을 경험하면서 치료를 포기하려 했지만, 현재도 단도박 모임에도 참여하는 등 회복과정을 이어가고 있습니다."

• 앞으로 한국 스포츠 베팅 중독 현상은 더 심해질까요?

"한국에서 스포츠 도박문제는 앞으로 심화될 가능성이 커 보입니다. 이유는 다음과 같습니다.

① 온라인 도박의 확산

스마트폰과 인터넷의 보급으로 인해 도박 접근이 매우 쉬워졌습니다. 특히 스포츠 도박은 해외까지 포함해 24시간 365일 베팅이 가능하며, 실시간으로 베팅할 수 있는 요소가 있어 더 많은 사람이 쉽게 참여할 수 있습니다.

② 청소년 및 젊은 층의 접근성 증가

청소년과 젊은 층이 스포츠에 대한 관심이 크고, 기술에 익숙하기 때문에 스포츠 도박에 빠지기 쉽습니다. 젊은 층은 도박의 위험성에 대한 인식이 부족할 수 있어 문제를 일으킬 가능성이 큽니다.

③ 광고와 마케팅의 영향

스포츠경기 중간에 나오는 도박 관련 광고나 마케팅은 스포츠 도박을 더 쉽게 접근할 수 있도록 만들었습니다. 이는 특히 또래문화와 호기심이 많은 청소년 시기에 더 큰 영향을 미칠 수 있습니다.

• TV 및 스트리밍 광고: 경기 중간에 도박 사이트 광고가 나와 쉽게 베팅하도록 유도

• 경기장 내 광고판: 경기장 주변 광고판이나 선수 유니폼에 도박 회사 로고가 표시됨

• 해설자 언급: 해설자가 경기 중 배당률이나 베팅 정보 언급

• 소셜 미디어: 실시간 배당률과 프로모션을 통해 소셜 미디어에서 베팅을 유도

• 푸시 알림 및 SMS: 경기 시작 전이나 도중에 베팅 기회를 알리는 푸시 알림이 전송됨

④ 법적 규제의 한계

현재 한국에서 스포츠 도박에 대한 규제가 존재하지만, 불법 온라인 도박사이트는 여전히 존재하며, 이들이 폐쇄되더라도 금방 새로운 사이트가 생겨나기 때문에 완전히 통제하기 어렵습니다."

• 스포츠 베팅 중독을 경험하는 사람들에게 조언하고 싶은 것은 무엇입니까?

"스포츠의 순수한 즐거움을 되찾아야 합니다. 근원적으로는, 도박 없이 스포츠를 즐기는 방법을 다시 찾는 것이 중요합니다. 스포츠 도박에 빠진 사람들은 경기를 순수하게 즐기는 능력을 상실한 상태일 수 있으므로, 주변 사람들과 경기 결과를 예측하거나 대화하는 등 건전한 방식으로 스포츠에 참여하는 방법을 모색하기를 권합니다.

스스로 중독문제를 해결해보고자 한다면 아래와 같은 방법을 시도해 볼 수 있습니다.

① 스포츠 관련 미디어와 거리 두기

스포츠 도박에 중독된 사람들은, 팀 정보, 통계, 전문가 분석 등의 정보에 지나치게 집착하는 경향이 있습니다. 도박 관련 정보를 습득하는 시간을 줄이기 위해, 관련 뉴스나 소셜 미디어를 제한하거나 차단하는 것이 효과적입니다.

② 도박 충동 조절 기술 연습(행동 대응 매뉴얼 만들기)

베팅 충동이 느껴질 때 도박 행동을 막는 행동 관련 매뉴얼을 사전에 만들어 놓는 것이 도움이 됩니다. 예를 들어, 충동이 올라올 때 친구에게 전화한다, 충동이 올라올 때 1336에 전화한다 등을 생각해볼 수 있습니다.

③ 스포츠 도박에 연루된 사람들과 거리 두기

도박문제를 함께 겪는 사람들과의 관계는 중독을 악화시킬 수 있습니다. 가능하다면, 도박이 아닌 다른 관심사를 공유할 수 있는 새로운 사회적 관계를 형성해 나가는 것이 도박문제를 극복하는 데 도움이 됩니다.

혼자 힘으로 중독문제 해결이 어렵다면, 한국 도박문제 예방치유원의 치유서비스를 통해 도움을 받을 수 있습니다.

① 헬프라인 1336

헬프라인 1336은 전국단위의 도박문제 전화상담 번호로 365일 무료로 운영하고 있습니다. 도박문제로 어려움을 겪고 있는 도박자 및 가족·지인들은 누구나 국번 없이 1336으로 걸어 도움을 받을 수 있습니다.

② 치유재활 프로그램

심도 있는 전문치유·회복과정에 참여하기 위해서는, 예방치유원 전국 지역센터(2024년 8월 기준, 14개 센터)가 운영하고 있는 치유재활 프로그램(개인 상담, 집단상담, 교육프로그램, 대안프로그램, 재정 및 법률서비스, 치료공동체 등)을 신청하고 참여 가능합니다."

12 왜 스포츠 베팅에 현혹되는가?

2018년 5월 미국에서 스포츠 베팅이 합법화되자마자 오랫동안 사행산업 시장을 이끌었던 글로벌 카지노 업체들은 너나할 것 없이 매우 적극적으로 스포츠 베팅 시장에 침투하기 시작했다. 이들이 주로 사용하는 전략은 매우 빠르고 강력하다. 첫째, 스포츠 베팅 업체들과 스포츠 리그 및 구단과의 업무 제휴이다. 스포츠 베팅 업체들은 스포츠 베팅에 필요한 공식 스포츠 데이터가 필요하고, 스포츠리그 및 구단은 스포츠 베팅에 전문성을 갖춘 카지노 업체들에게 스포츠 베팅 업무를 대행시킴으로써 상호보완적 관계를 구축할 수 있다. 예를 들면, 세계적 카지노업체인 시저스 엔터테인먼트사Caesars Entertainment가 영국의 스포츠 베팅전문 업체인 윌리엄 힐William Hill을 인수, 합병했고, MGM은 미시건주의 인디언 카지노업체들과 업무 제휴를 맺고 스포츠 베팅 시장점유율을 높였다. 또한, 윌리엄 힐은 NHL

뉴저지 데블스 구단과 스포츠 베팅 사업 관련 독점계약을 체결했고, MLS는 카지노 기업 MGM에게 스포츠 베팅 관련 전반의 업무를 대행하도록 했으며[12], NFL은 시저스 엔터테인먼트사와 스포츠 베팅 후원 계약을 맺는 등 시장 선점을 위해 발 빠른 움직임을 보이고 있다.

스포츠 베팅 업체들은 경기장과 같은 스포츠 시설에도 스포츠 베팅 룸을 설치하는 등 적극적인 투자에 나섰다. 라스베이거스에 기반을 둔 NHL 경기장에 MGM은 여러 대의 스포츠 베팅 키오스크를 설치해 경기장을 찾는 팬들에게 편의를 제공하는 한편, 스포츠 바bar 및 일부 레스토랑에 스포츠 베팅 키오스크를 설치해 식당을 찾는 스포츠 팬들이 스포츠 베팅에 직접 참여할 수 있는 시범 사업을 벌이기도 했다.

스포츠 베팅 업체들의 시장 침투에 대한 두 번째 전략은 바로 "스포츠를 좋아하는 누구라도 철저한 연구와 분석을 통해 충분히 돈을 벌 수 있다"고 현혹하는 것이다. 즉, 스포츠에 해박한 지식과 분석 능력을 갖고 있는 스포츠 팬들은 스포츠 베팅에서 우위를 보이고 결국 손쉽게 돈을 벌 수 있다는 것을 강조하는가 하면 경기 결과에 영향을 미치는 운은 생각보다 그리 중요하지 않다고 끊임없이 강조해 팬들을 혼란스럽게 만든다. 해외 유튜브 사이트에는 카지노에서 제작한 "왜 스포츠 베팅을 해야만 하는가?"와 관련된 홍보 동영상들이 많이 올라와 있다. 스포츠 베팅이 갖는 위험성을 의도적으로 축소하는 동시에 스포츠 베팅에서 이길 가능성이 꽤나 크다는 것을 강조하는 홍보/프로모션을 진행한다.[13] 일명 '더닝-크루거 효과'라고 부르는 방법을 통해 팬들을 유혹한다. 더닝-크루거 효과는 '어떤 분야에 대한 지식이 얕을수록 많이 알고 있는 것 같다고 느끼는 경향'이라고 정의할 수 있다. 다시 말해서, 스포츠 베팅 전문가가 아니지만 스포츠를 즐겨보고 경기에 대한 기본적인 지식이 있으면 돈을 벌 수 있다는 뉘앙스의 홍보에 집중한다. 거기에 온라인에 돌아다니는 수많은 정보-구단 성적 및 경기 결과 예측 등-를 잘 이용할 수 있다면 스포츠 베팅에서 이길 수 있는 가능성은 좀 더 올라간다는 꿀팁까지 제공한다. 결국 스포츠 팬들이 '누구라도 스포츠 베팅에서 이길 수 있다는 잘못된 자기 확신'에 빠지도록 유도하고 스포츠 베팅에 더욱 깊숙이 관여하기를 원한다.

스포츠 베팅 업체들의 세 번째 전략은 바로 스포츠 베팅을 하는 사람들의 동기를 철저히 분석한 후 이러한 요인을 역으로 이용해 팬들에게 접근한다. 아직까지 스포츠 베팅을 해보지 않은 팬들이 스포츠 베팅 시장에 발을 들여놓게 하거나 스포츠 베팅 경험을 해 본 팬들은 고액 베팅을 하도록 유인한다. Bruce(2013)의 연구에 따르면, 스포츠 베팅을 하는 동기는 금전적 소득, 친목 교류, 지적 능력 도전, 욕망이다. 이 중에서 가장 큰 동기는 금전적 소득이라고 할 수 있는데, 많은 노력을 하지 않고도 소득을 얻을 수 있는 점과 자신이 잘 알고 좋아하는 스포츠경기를 대상으로 한다는 점이 많은 사람에게 매력적으로 보일 수 있다. Bulboaca와 Tierean(2021)의 연구에 따르면 스포츠 베팅에 참가한 사람들 중 약 68.9%가 금전적 요인이 가장 강력한 이유라고 답한 바 있다. 스포츠 베팅 업체들은 이러한 스포츠 팬들의 심리를 이용해 스포츠 베팅을 크게 홍보하고 있다. 특히, 스포츠경기를 시청하면서 10~20달러 정도의 베팅을 참여하는 것은 너무나도 자연스러운 행위라는 메시지를 꾸준히 전달한다. 마치 맥주 회사들이 스포츠경기를 시청하면서 많은 사람이 맥주를 마시는데 이것은 매우 자연스러운 현상이라는 프레임을 만들어 광고하는 것과 유사한 방식이다.

두 번째 동기인 친목 교류는 스포츠 베팅과 관련해 다른 사람들과 스포츠 베팅에 대한 정보와 지식을 주고받아 같은 취미를 가진 사람들과 함께 즐길 기회를 제공함을 의미한다. 스포츠 베팅이 금지된 국가에서 불안하게 숨어서 하는 불법 행위가 아니라 다양한 SNS 플랫폼을 통해 즐길 수 있는 합법적인 취미와 여가활동이라는 사실을 강조한다. 예를 들면, 트위터와 같은 소셜 미디어는 스포츠 베팅에 참여하는 팬들에게 경기 시작 전에 경기와 관련된 다양한 통계 수치, 선수 정보 및 관련 뉴스를 제공하면서 많은 스포츠 베팅 팬들을 끌어모으고 있다. 온라인 플랫폼의 등장으로 스포츠 베팅부터 정산에 이르기까지 원스톱으로 진행되고 있다는 것도 영향을 미친다. 스포츠 베팅의 디지털화 및 온라인화는 스포츠 베팅 행위를 동료들과 함께 쉽고 간편하게 즐길 수 있는 취미와 여가활동으로 인식하게 만들었다. 이를 증명이나 하듯 미국의 뉴저지주에서 벌어지는 스포츠 베팅의 80% 이상이 스포츠 베팅 앱을 통한 온라인상에서 진행되었다.[14] 더 나아가 가상 화폐 계좌와의 연동을 통해 스포츠 베팅을 더 쉽고 간편하게 만들고 있다(Delfabbro, King, Williams & Georgiou, 2021).

세 번째 동기인 지적 도전은 앞서 설명한 더닝 크루거 효과와 깊은 관련이 있다. 오랫동안 즐겨온 스포츠에 대한 지식이 많아 스포츠 베팅에 자신 있어 하는 스포츠 팬들을 대상으로 '스포츠 베팅 토너먼트' 등 다양한 행사를 통해 그들을 자극하는 것이다. 대부분의 경우 그들의 승부 예측에 적잖은 오류가 있음을 발견할 것이며, 일부 예측에 성공한 스포츠 베팅 팬들은 자신의 능력에 더욱 확신을 갖게 되어 스포츠 베팅에 더욱 깊이 빠지게 될 것이다. 어떤 이는 소위 '초심자의 행운 오류'에 빠져 자신의 능력을 과대평가해 더 많은 손실을 입을 것이다. 정확한 지식과 정보가 없음에도 불구하고 스포츠 베팅에 성공할 가능성이 존재한다는 것을 잊지 말아야 한다. 이러한 극단적인 행운에 따른 성공이 마치 자신이 스포츠 베팅에 숨은 실력이 있는 전문가라고 착각하는 일이 없어야 한다. 스포츠 베팅 업체들은 스포츠 베팅 팬들에게 어떠한 주의나 경고의 메시지도 전달하지 않는다는 사실을 반드시 염두에 두어야 할 것이다.

네 번째 요인인 열광/열정이야말로 스포츠 베팅 참가자들이 정신적으로 느끼는 쾌락의 정수인 동시에 자칫 잘못하면 도박 중독에 늪에 빠지게 하는 매우 치명적인 독이 될 수 있다. 스포츠 베팅 업자들은 스포츠 베팅 팬들의 이러한 열광/열정이 식지 않도록 다양한 형태의 베팅 프로그램을 제공한다. 라이브 액션Live Action 혹은 경기중 베팅In-Game Betting이라고 부르는데, 단순한 경기 결과 및 스코어를 맞추는 데 그치지 않고 경기 진행 중에도 끊임없이 베팅할 수 있는 기회를 만들어 팬들을 현혹한다. 축구 경기의 경우, 승부 예측이나 최종 스코어를 맞추는 단순 베팅뿐만 아니라 어시스트를 하는 선수 맞추기, 경기 득점 시간 맞추기, 코너킥 수 맞추기 등 경기가 끝날 때까지 벌어질 수 있는 다양한 이벤트 및 퍼포먼스에 대해 베팅할 기회를 제공해 팬들의 열정이 식지 않도록 한다. 스포츠 베팅 업체들은 이용자들이 정신적으로 느끼는 자극-보상으로 연결되는 쾌락의 간격Short Feedback Loop을 줄이려는 시도를 많이 하고 있다. 프로야구의 경우 한 경기에 수백 번 이상의 베팅 옵션을 만들 수 있다. 가령, 1회 첫 주자는 누구인가? 투수의 10번째 공은 스트라이크인가 아니면 볼인가? 등등 경기가 진행되는 동안 끊임없이 나오는 경기 상황에 베팅할 수 있는 옵션을 만들어 팬들의 중추신경을 자극한다.

문제는 바로 수많은 잠재적 스포츠 베팅 팬들이 스포츠 베팅의 잠재적 위험성을 제대로 인식하지 못한 채 스포츠 베팅 업체들의 교묘한 전략에 그대로 노출되어 있다는 사실이다. Parke, Harris, Parke, Rigbye & Blaszczynski(2014)는 도박이 미치는 부정적 영향과 자기통제가 없는 사람들의 경우 특히 스포츠 베팅을 경계해야 함에도 불구하고 스포츠 베팅이 지나치게 긍정적이고 재미있는 레저 활동 정도로 묘사되고 있다는 것에 대해 경각심을 가져야 한다고 주장한 바 있다. 스포츠 베팅의 본질은 도박이다. 한번 빠지면 헤어나오기 어렵다. 가족과 친척, 그리고 친구들에게 돈을 빌리는 순간 다시는 돌아오지 못할 강을 건너는 것이다. '도박 중독자'로 분류되는 동시에 주변의 날카로운 시선, 그리고 돌이킬 수 없는 인간관계로 인해 삶은 황폐화된다. 하루하루 버텨내려 하지만 과거로 돌아가기에는 이미 너무 늦었다.

13 스포츠 베팅 중독 유병률 관리 방안의 필요성

스포츠 베팅 중독자는 전체 인구의 약 5% 정도로 알려져 있다. 스포츠 베팅 인구는 스포츠 시청자의 약 20%에 달한다. 따라서 중독자를 제외한 약 15% 정도가 스포츠를 즐기면서 건전하게 베팅을 하는 스포츠 팬이라고 생각할 수 있다. 2025년 초까지 미국의 약 80%인 38개 주와 2개의 자치 구역인 워싱턴 DC와 푸에르토리코에서 스포츠 베팅이 허가되었다. 2020년 말에 이미 미국인들의 절반은 스포츠 베팅이 허용된 주에서 살고 있을 정도로 스포츠 베팅의 합법화 속도는 점점 더 빨라지고 있다. 따라서, 이러한 상황을 고려할 때 중요한 것은 스포츠 베팅이 도덕적 행위인가를 따지는 것보다 스포츠 베팅으로 인한 사회적 비용을 최소화할 수 있는 법과 규정을 통해 대비하는 것이 현명하다.

스포츠 베팅을 개방해 합법적으로 운영하고 있는 국가들에서 스포츠 베팅의 문제점을 줄이기 위한 다양한 연구가 진행되었다. 그중에서 가장 보편적이고 기본적인 정책은 다음 세 가지로 구분할 수 있다.

첫째, 스포츠 베팅 대부분이 온라인 및 앱을 통해 이루어지고 있는 현실에서 실명 확인을 통해 청소년을 비롯한 미성년자들의 접근을 막는 것이다. 특히 온라인 계좌는 개인의 은행 및 금융 계좌, 심지어 암호화폐 계좌와 연계되어 있기 때문에 철저한 확인 절차를 거쳐야 한다. 온라인 등록을 하는 과정에서 이용 고객들의 월별 수입 등에 대한 정보를 입력하게 하고 이에 따라 스포츠 베팅에 사용할 수 있는 최대 금액이 제시된다. 만약 고객의 베팅 사용 금액이 이를 넘기면 일정 기간 동안 스포츠 베팅을 할 수 없도록 제한하는 기능도 포함된다. 또한 스포츠 베팅 계좌를 개설하면 정기적으로 또 자동적으로 도박 중독 방지 프로그램이 가동되어 이를 작동시키지 않으면 계좌를 이용할 수 없도록 한다.

둘째, 책임 있는 스포츠 베팅 가이드라인을 적극 활용하는 것이다. 이 방안은 식약처에서 하고 있는 식품 라벨링과 유사하다. 식약처는 사람들의 식습관에 영향을 미칠 수 있도록 식품에 음식 성분을 표기하도록 한 것이다. 메타분석에 따르면, 이러한 식품 라벨링을 통해 사람들이 섭취하는 칼로리는 6.6%, 지방은 10.6% 감소했으며 건강에 해로운 식단 결정은 약 13% 줄어들었다. 식품 라벨링은 사람들의 채소 소비를 13.5% 증가시키는 결과를 가져왔다. 이러한 식품 라벨링은 식품 생산자들이 음식 성분을 긍정적으로 바꾸도록 하기도 했는데, 식품 산업 전반적으로 트랜스 지방 성분은 약 64.3% 줄어들었다.

스포츠 베팅 라벨링 역시 식품 라벨링과 유사한 방식으로 진행할 수 있다. 카지노에는 포스터를 붙이고, 베팅 앱과 웹사이트에 반드시 스포츠 베팅의 위험성을 나타내는 설명을 의무화하는 것이다. 이러한 가이드라인은 고객들의 소득/지출Disposable Income(가용 임금)에 따라 얼마를 스포츠 베팅에 사용되는 것이 적절한지에 대한 구체적 제안 및 스포츠 베팅에 사용하는 시간 등 스포츠 베팅에 중독되지 않도록 하는 내용을 담고 있어야 한다. 스포츠 베팅과 관련한 일반적인 가이드라인에 필요한 내용은, (1) 스포츠 베팅은 결코 엄청난 부를 창출하기 위한 수단이 될 수 없다 (2) 스포츠 베팅을 할 때 음주 혹은 약물 등 환각 상태에서 하지 말아야 한다 (3) 스포츠 베팅을 할 때는 친구들 혹은 가족들과 함께 경기를 시청하는 것을 장려한다 (4) 스포츠 베팅을 할 때 최소 경기가 열리기 48시간 전에 베팅을 하는 것이 좋다 (5) 도박 장애는 유전적 위험성이 있다는 사실을 알려야 한다를 꼽을 수 있다.

셋째, 피드백을 의무화한다. 체중 감소 연구 메타분석에 따르면, 음식 소비 및 운동 시간에 대한 자기-모니터링을 많이 하면 할수록 더 많은 체중 감소 및 운동 프로그램에 집중했다. 음식 소비/칼로리 및 대량 음식섭취에 대한 자동 리포트는 긍정적인 효과를 가져온다. 그렇다면 자동 모니터링 리포트를 어떻게 실행할 것인가? 스포츠 베팅 웹사이트나 앱을 통해 접속하는 사람들에게 매달 한 번씩 이들의 베팅 행위 분석 보고서를 화면에 자동적으로 띄운다. 만약 베팅 행위에 심각한 문제가 있는 경우 경고 메시지를 보낸다.

한 가지의 정책과 대안만 가지고는 스포츠 베팅 중독유병률을 효과적으로 관리할 수 없다. 예방부터 치유에 이르기까지 모든 입구에 게이트 키퍼를 설치하고 잠재적 중독성을 지닌 사람들을 가려내어 중독자의 수를 줄이는 동시에 중독의 폐해로부터 최대한 보호할 수 있는 시스템을 활성화해야 한다.

현재 국내에서는 한국 도박문제 예방치유원에서 도박 중독자 예방, 교육, 치유 및 재활서비스를 제공하고 있다. 내국인에게 도박이 허용된 강원도 정선의 경우 지역사회 주민들에게 도박 중독으로 인한 폐해 및 부작용에 대한 교육, 예방 및 홍보 활동을 통해 도박 중독의 심각성을 알리고 있다. 또한 도박 중독에 취약한 위험군을 조기 발견해 이들이 도박 중독자가 되지 않도록 선제적으로 개입하기도 한다. 도박 중독자를 위한 치유 및 재활 교육, 상담뿐만 아니라 가족들을 돕기 위한 프로그램을 운영하며 나아가 도박 중독 예방 및 치유를 위한 지역사회 연계서비스를 개발해 도박 중독에 적극적으로 대비하고 있다.

• 스포츠 베팅을 시작하게 된 계기는 무엇인가요, 돈, 재미, 성취감? 처음 스포츠 베팅을 시작했을 때는 몇 살이었나요?

처음으로 체육진흥투표권을 구매한 나이는 정확하지는 않지만, 대략 5년 전 즈음으로. 나이로는 20대 후반 즈음이었고, 함께 일했던 동료 기자의 소개로 알게 되었습니다. 아무래도 축구기자로서 일을 했고, 관련 분야 전문지식이 있었기에 충분히 맞출 수 있지 않냐는 지인의 권유에 구매한 것이 시작이었습니다. 막상 구매해 보니, 축구 보는 재미가 배가 되었고, 실제 적중도 되고 하니 금전적인 부분에 있어서도 잘만 하면 재테크 수단이 될 수도 있겠다는 생각이 들었습니다. 확실히 베팅 후에 경기를 보면 보다 감정이입이 잘 되는 경향이 있어 재미 측면에서는 도움을 줄 수 있다 생각합니다. 단, 합법 스포츠토토 구매금액 한도 내에서만 해야지, 불법적인 루트로 구매금액 한도 제한 없이 하는 것은 추천하지 않습니다.

• 주로 하는 스포츠 베팅 경기 및 게임은 무엇인가요?

주로 국민체육진흥공단이 발행하는 체육진흥투표권(스포츠토토/프로토) 중 축구 종목을 구매하고 있고, 구매 루트는 베트맨 공식 합법 홈페이지나 오프라인 편의점/복권방을 활용해 구매합니다.

• 스포츠 베팅으로 벌었던 최대 금액은 얼마인가요?

몇 년 전에 축구 프로토로 1천 원을 재미 삼아 걸어서 5,000배 이상 적중된 바 있습니다. 당시 당첨 금액이 500만 원이 넘었는데, 세금 제외하고 400만 원대 수령했습니다.

• 스포츠 베팅으로 잃었던 최대 금액은 얼마인가요?

스포츠토토 구매금액 한도 내에서만 구매하기 때문에, 회차별로 최대 10만 원에서 적게는 5만 원입니다.

• 일주일에 스포츠 베팅과 관련해 보내는 시간은 대략 몇 시간인가요?

분석을 전문적으로 하다 보니 하루에 3시간 이상은 분석을 하는 데 할애합니다. 단, 구매를 하는 데 걸리는 시간은 생각보다 짧습니다. 분석이 되면 조합 구성과 구매 시간은 비약적으로 줄어듭니다.

• 스포츠 베팅을 위해 사용하는 분석 프로그램이나 도구가 있나요? 이러한 프로그램을 사용하면 스포츠 베팅에서 이길 수 있는 확률이 높아지나요?

팀별 경기력을 분석하고, 각종 축구 통계 사이트의 검증된 통계 자료를 활용해 맞붙는 팀들 간 유불리를 따집니다. 그리고 오즈메이커Odds Maker가 제시하는 배당 통계도 활용하고 있습니다. 그리고 각 팀의 핵심 결장자원들 정보 파악도 중요하게 작용합니다. 이러한 정보를 바탕으로 하면 단언컨대 적중률은 비약적으로 상승할 것이라 생각합니다.

• 스포츠 베팅은 여타 다른 도박과 다르다고 생각하나요?

소위 '운'에 맡기는 도박과는 다른 점이 많다고 할 수 있습니다. 예를 들면 홀짝과 다를 바 없는 바카라 같은 도박은 그저 운에 의존해 승패가 갈리지만, 스포츠 베팅의 경우 분석에 따라선 내 당첨 확률을 인위적으로 끌어올릴 수 있기 때문입니다. 또한 대한민국의 스포츠토토의 경우엔 발행 기금 상당 부분이 비인기 종목 프로스포츠 발전을 위해 쓰이거나, 저소득층의 체육진흥 등을 위해 환원되기 때문에 사회공헌적 요소가 있다고 볼 수 있습니다. 단, 어디까지나 합법적인 루트를 활용했을 때의 예입니다.

• 주위에 스포츠 베팅을 하는 사람들이 많이 있나요?

보편적이지는 않지만, 일회성 경험을 가진 사람들은 의외로 있습니다. 꾸준히 구매하는 사람들은 그다지 많지는 않습니다.

• 스포츠 베팅 중독의 위험에는 어떤 것이 있을까요? 중독되지 않기 위한 조언을 한다면?

앞서 말씀드렸듯이, 합법적인 스포츠토토를 구매하면 됩니다. 구매 한도 금액이 정해져 있기 때문에 자신의 의지를 조절할 수 있습니다. 물론 오프라인 복권방/편의점에서 구매할 경우 다른 판매처를 돌아다니면서 오로지 현금으로만 결제하기에 구매 한도 금액이 사실상 없다고 볼 수 있는데, 되도록 온라인 홈페이지를 통해서 구매하면 한도 내에서 절제된 구매가 가능합니다. 개인적으로는, 오프라인에서 구매할 때도 카드결제를 허용하는 것이, 구매자의 구매금액 한도 내에서의 구매를 유도할 수 있는 방안이라 생각합니다. 현 시스템은 오프라인에서 무조건 현금으로만 결제할 수 있기 때문에, 합법 스포츠토토도 무분별하게 구매 한도 이상으로 구매하는 사람이 많습니다.

• 스포츠 베팅 산업이 앞으로도 꾸준히 발전할 것으로 생각하나요?

모든 분야의 일자리/직업과 관련해서 화두는 AI입니다. AI가 어지간한 산업에서의 인간 일자리를 대체할 수 있는 세상이 도래 중입니다. 하지만 스포츠 결과를 예측하는 것은 AI도 100% 맞힐 수가 없습니다. 오히려 AI의 경우 철저한 데이터에 의해 분석을 하기에 소위 말하는 이변 경기를 잡아내는 데 한계가 있을 수 있습니다. 또한 평균 수명은 길어지고 있으나, 평균 퇴직 연령은 늘어나고 있지 않는 현실 속에서 50대 이상의 대다수 고령자들이 스포츠토토를 하나의 재테크 수단으로 여기고 구매 중입니다. 따라서 스포츠가 이 세상에서 없어지지 않는 한 이 산업은 지속 가능한 성장을 이룰 수밖에 없는 구조라고 생각됩니다. 개인적으로는 최근 대한민국 내에서 인기가 높아진 프로당구 쪽도 스포츠토토 쪽으로 들어오면 상당히 상품화할 수 있는 요소가 많다고 생각합니다.

• 스포츠 베팅에 대해 추가로 하고 싶은 말이 있다면?

과거 허구연 KBO 총재가 국회 질의에 나가서 불법 베팅 쪽으로 빠지는 돈이 수십조 원인데 이것을 양지로 끌어들인다면, 대한민국 스포츠발전에 막대한 도움이 될 것이라 말한 바 있습니다. 이것이 가능하려면 현 체육진흥투표권의 불공정한 베팅 시스템을 개선할 필요가 있습니다. 일례로 유럽 축구 경기의 경우 대부분 저녁 11시 이후부터, 늦게는 새벽에 많은 경기를 합니다. 해외의 경우엔 경기 마감 직전까지 상대 팀의 스타팅 라인업이나 결장 변수 등을 체크해 구매자가 베팅할 수 있는 시스템인데, 지금 현 체육진흥투표권은 저녁 10시면 모든 판매가 마감이 되기 때문에 구매자들의 상당한 불만이 있는 상황입니다. 또한 부정적 인식 개선을 위해서는 '토토'라는 단어의 개선 혹은 교체가 필요하다고 보입니다. 사람들이 '스포츠토토=불법 도박'으로 인식하기 때문에 스포츠토토와 불법 토토는 다르다는 걸 설명/납득시키가 어렵습니다. 따라서 축구복권/스포츠복권/축구로또 이런 식의 용어 개선을 통해 인식 제고가 필요하고, 체육진흥투표권 기금의 비인기 종목 지원 및 저소득층 체육진흥, 그리고 인프라 구축 등의 순기능을 적극 홍보해 전 국민적인 인식을 개선할 필요가 있습니다.

• 스포츠 베팅을 시작하게 된 계기는 무엇인가요? 돈, 재미, 성취감? 처음 스포츠 베팅을 시작했을 때는 몇 살이었나요?

저는 라스베이거스에서 아버지와 함께 19세에 처음으로 스포츠 베팅을 경험했고 매우 즐거웠던 기억이 납니다.

• 주로 하는 스포츠 베팅 경기 및 게임은 무엇인가요?

저는 플레이어 프롭스Player Props(선수의 득점, 리바운드와 같이 경기 결과가 아닌 경기에서 활약하는 '선수 기록'에 돈을 거는 베팅)를 시작했습니다. 제가 사는 캘리포니아주에서 19세인 제가 할 수 있는 유일한 스포츠 베팅 종목입니다. 캘리포니아주는 도박의 성격이 비교적 강한 '경기 결과'에 베팅하는 것은 불법이지만 선수의 기록을 예측하는 것은 운보다 경기 분석기술과 능력이 더 중요하기 때문입니다.

• 스포츠 베팅으로 벌었던 최대 금액은 얼마인가요?

제가 스포츠 베팅으로 벌었던 최대 금액은 600달러 (약 84만 원)정도였습니다.

• 스포츠 베팅으로 잃었던 최대 금액은 얼마인가요?

최근에는 계속 지고 있습니다. 2024년 8월 한 달 동안 약 300달러를 잃었습니다.

• 일주일에 스포츠 베팅과 관련해 보내는 시간은 대략 몇 시간인가요?

저는 매일 약 45분 정도를 스포츠 베팅에 사용합니다. 대부분 시간은 선수 기록을 찾아

보는 데 씁니다. 만약 스포츠 베팅한 경기를 보는 것까지 합친다면 하루에 대략 2시간 정도를 스포츠 베팅에 씁니다. 일주일이면 약 14시간 정도 되겠네요.

• 스포츠 베팅을 위해 사용하는 분석 프로그램이나 도구가 있나요? 이러한 프로그램을 사용하면 스포츠 베팅에서 이길 수 있는 확률이 높아지나요?

저는 프로야구 경기에 베팅을 할 때는 '베이스볼 사반트Baseball Savant' 라는 프로그램을 씁니다. 다른 프로그램보다 더 깊이 있는 분석이 가능하며 고급통계를 사용하기 때문에 제가 베팅을 하는 데 많은 도움이 된다고 믿습니다. 하지만, 스포츠 베팅 역시 다른 도박처럼 운이 크게 작용하기 때문에 이러한 프로그램의 도움은 한계가 있다고 생각합니다. 제가 비록 매일 똑같이 베팅 전략을 사용하더라도 운에 따라 대박 나거나 쪽박이 날 수 있다는 것을 잘 알고 있습니다.

• 스포츠 베팅은 다른 도박과 다르다고 생각하나요?

아니오. 제가 생각하기에 스포츠 베팅 역시 도박의 일종이라고 생각합니다. 그 이유는 스포츠 베팅의 핵심은 '운' 이며 이는 내가 결코 통제할 수 없는 영역이기 때문입니다.

• 주위에 스포츠 베팅을 하는 사람들이 많이 있나요?

네. 제 주위에 많은 친구들이 스포츠 도박을 합니다.

• 스포츠 베팅 중독의 위험에는 어떤 것이 있을까요? 중독되지 않기 위한 조언을 한다면?

제 생각에는 스포츠 베팅은 중독성이 매우 높습니다. 그런 연유로 카지노업체들이

18~30세의 젊은 세대를 타깃으로 삼고 있다고 생각합니다. 도박 중독으로부터 벗어나기는 쉽지 않습니다. 저 역시 가끔 제가 조금씩 도박 중독에 빠지는 것을 느끼곤 합니다. 하지만 도박 중독 방지를 위한 다양한 방법은 존재합니다. 저는 앱을 사용하는데 특정 시간을 정해 놓고 그 시간 동안 휴대폰을 사용하지 못하게 스스로를 통제하는 것입니다. 물론 언제든지 마음만 먹으면 휴대전화를 다시 사용할 수 있지만 적어도 이러한 앱이 존재한다는 것은 도움이 될 것 같습니다.

• 스포츠 베팅 산업이 앞으로도 꾸준히 발전할 것으로 생각하나요?

네, 그렇습니다. 스포츠 베팅은 앞으로도 계속 발전할 것으로 생각하며 동시에 많은 사람이 스포츠 베팅 중독에 노출될 수 있을 것입니다.

• 스포츠 베팅에 대해 추가로 하고 싶은 말이 있다면?

저는 스포츠 베팅은 중독성이 매우 강하기 때문에 스포츠 베팅 광고에 대한 엄격한 규제가 필요하다고 생각합니다. 제가 느끼기에 스포츠경기를 보면 거의 10초에 한 번꼴로 스포츠 베팅 광고가 나오는 것 같습니다. 스포츠 베팅은 어느새 '스포츠'와 동의어가 되었습니다. 도박 중독에 빠진 사람들은 스포츠경기를 볼 때 너무나도 자연스럽게 스포츠 베팅을 할 수밖에 없는 상황이 만들어졌습니다.

Part

4

스포츠 베팅의 규제와 미래

14 스포츠 베팅 합법화와 활성화에 대한 주요 쟁점 및 정부의 역할

스포츠 베팅에 대해 정부가 취할 수 있는 선택은 (1) 스포츠 베팅의 엄격한 금지, (2) 스포츠 베팅의 제한적/부분적 허용 혹은 정부 산하의 스포츠 베팅 시스템 운영, (3) 스포츠 베팅 시장의 완전 개방 등이 있는데 스포츠 산업의 발전 현황, 스포츠 팬들의 성숙도, 스포츠 베팅에 대한 국민의 정서 및 사회적 문화 등에 따라 적절한 제도를 선택할 수 있다(아래 표 11 참조).

스포츠 베팅을 대하는 가장 보수적인 정책은 바로 스포츠 베팅을 전면 금지하는 것이다. 스포츠 베팅 업자들뿐만 아니라 스포츠 베팅에 참가하는 사람들 모두 강하게 처벌함으로써 국민을 스포츠 베팅의 잠재적 폐해로부터 철저히 보호하고자 한다. 스포츠토토와 같은 복권 사업을 통해 세금 형식으로 상당한 세수를 얻을 수 있지만 도박 중독의 위험성이 더 크다고 판단할 경우 스포츠 베팅 시장을 전면 금지한다. 특히 승부 조작과 같은 불법 스포츠 베팅 행위에 대한 뛰어난 탐지 및 감시 능력이 부족하고 투명하고 공정한 관리·운영 능력이 미진할 경우 스포츠 베팅을 허용해서는 안 된다는 원칙을 두고 있는 국가에서는 스포츠 베팅을 완전히 금지하고 통제한다.

여기서 가장 중요한 점은 바로 '스포츠 베팅에 노출되는 아동과 청소년을 어떻게 보호할 것인가'와 '도박 중독자를 어떻게 교육, 치유, 재활할 것인가'에 대한 분명하고 확실한 로드맵 없이 스포츠 베팅을 허용하는 일은 매우 위험하다는 사실이다. 스포츠 베팅에 대한 국민의 성숙도, 정서와 문화 역시 중요한 판단기준이다. 국민이 스포츠 베팅에 대한 본질적 위험성, 승부 조작 가능성, 금전 손실 위험, 도박 중독 가능성, 학습 장애 및 일상생활 부적응 등과 같은 심각한 문제에 대해 충분한 이해를 하지 못한다면 스포츠 베팅을 허용해서는 안 될 것이다. 스포츠 베팅/카지노업체들의 주장과 논리대로 스포츠 베팅을 단순히 재미있는 여가 및 레저 활동 중의 하나로 치부할 때 그 폐해는 걷잡을 수 없이 커질 것이다.

스포츠 베팅을 허용하고 싶지만 앞에서 언급한 스포츠 베팅의 여러 가지 문제점을 통제·해결할 능력이 없을 경우 정부는 스포츠 베팅의 제한적/부분적 허가를 생각해볼 수 있다. 스포츠 베팅 사업 허가를 통해 상당한 규모의 세수를 확보하는 동시에 정부나 유관 기관이 통제해 제한적으로 스포츠 베팅 사업을 허용하는 경우라고 볼 수 있다. 일부 특정 종목에 한해 스포츠 베팅을 제한적으로 허용한다면 스포츠 리그와 구단의 수입 증대 및 정부의 세수를 늘릴 수 있는 동시에 스포츠 베팅으로 생기는 폐해를 최소화할 수 있을 것이다.

정부 주도하에 진행되는 스포츠 베팅 사업 또한 정책 옵션이 될 수 있다. 이 경우의 장점은 정부 관련 기관을 통해 청소년 및 도박 중독자의 정보를 쉽게 파악해 스포츠 도박 중독에 대한 신뢰할 수 있는 예방, 교육, 치유, 재활 등을 마련할 수 있다는 점이다. 국내의 경우 국민체육진흥공단이 위탁해 운영 중인 스포츠토토가 운영되고 있는데 매년 6조 원 이상의 매출을 올리고 있다. 불법 스포츠 베팅 업체들의 베팅 종목과 비교할 때 그리 매력적이지 않고 환급률도 높지 않지만 스포츠토토의 경우 총량제의 제한, 구매 한도 제한, 종목의 제한 등의 규제를 통해 도박 중독에 대한 최소한의 통제 및 관리가 이뤄지고 있다고 할 수 있다. 스포츠 베팅으로부터 얻은 수익은 관련 스포츠리그 및 구단 등의 유관 기관뿐만 아니라 스포츠경기장 시설 등의 인프라 구축 등 산업 전반에 걸쳐 재투자되어 서로 윈-윈 할 수 있는 시스템을 만들 수 있다. 더 나아가 정부의 복권 사업을 통해 얻은 수익은 교육, 도로, 철도, 등 기간산업에도 투자되어 정부 주도의 스포츠 베팅 산업의 혜택은 최종적으로 모든 국민에게 돌아간다는 명분을 얻을 수 있다.

한편 스포츠 베팅을 제한적/부분적으로 허용할 경우 전문가들은 다음과 같은 주의를 기울일 필요가 있다고 주장한다. 첫째, 스포츠경기와 관련된 대회와 이벤트에서 어떠한 형식이든 관계없이 스포츠 베팅의 광고를 전면 금지해야 한다. 스포츠 베팅 광고는 도박이 미치는 부정적 영향에 대해서는 어떤 주의나 경고를 주지 않는 대신 스포츠 베팅이 취미나 여가활동의 하나로 인식시키는 데 영향을 줄 수 있기 때문이다. 이러한 이유로 스포츠 베팅에 찬성한 미국 프로농구리그인 NBA조차 초기에는 스포츠 베팅 업체 광고를 경기장 일부에 현수막을 거는 정도로만 허용할 뿐 미성년자에게 노출되지 않도록 중계방송 화면에 보이지 않도록 하는 규정이 있었다. 하지만 안타깝게도 이러한 규정은 점점 완화되거나 없어지는 추세인데 앞으로 아동과 청소년들이 스포츠 베팅 광고에 무방비로 노출되는 상황이 만들어질까 우려된다. 둘째로, 스포츠 베팅의 잠재적 폐해가 급속히 확산하기 전에 여러 가지 규제 장치를 통해 그 속도를 최대한 늦춰 아동, 청소년 및 도박 중독 위험군들의 유입을 제한할 수 있다. 가령, 스포츠 베팅에 참여하고 싶은 사람들은 행정기관이 발행하는 ID카드를 발급받도록 하거나, 스포츠 베팅의 위험성에 대한 교육을 의무화하는 것도 하나의 방법이 될 수 있다. 스포츠 베팅 금액의 한도를 정하는 것도 스포츠 팬들의 금전 손실을 줄이는 데 어느 정도 도움이 될 수 있다. 무엇보다 더 중요한 것은 스포츠 베팅과 관련된 게임의 종류와 형태를 규제하고 통제하는 일이다. 경기 중 지속적인 베팅이 가능한 형태인 '경기 중 베팅' 혹은 '라이브 액션'이라고 부르는 베팅을 금지하고 경기 결과 등 다소 심플하고 경기당 1~2회 정도의 베팅을 할 수 있는 단순 게임만을 허용하게 하는 것도 스포츠 베팅의 폐해를 줄일 수 있는 방법이다. 이와 동시에 정부의 관계부처 및 학계에서는 스포츠 베팅 및 도박 중독과 관련된 다양한 연구를 통해 스포츠 베팅의 잠재적 문제점 및 해결책에 대한 대책 마련을 할 필요가 있다.

하지만 스포츠 베팅을 제한적으로 허용할 경우 다음과 같은 의문이 제기될 수 있다. 스포츠 베팅을 일부/제한적으로 허용한다면 불법 사설 스포츠 베팅 업체는 사라질 것인가? 스포츠 베팅을 전면 금지하는 것이 아닌 일부 기관-정부산하기관 혹은 민간 대행사-에만 허용할 때 이에 대한 근거와 정당성은 어디서 오는가? 스포츠 베팅의 제한적 허용은 정말 통제적 관리가 가능한 것인가? 점점 더 강해지는 스포츠 베팅 시장의 완전 개방 요구를 언제까지 외면할 수 있을까? 내국인들의 해외 합법 스포츠베팅 업체 사이트 접속 및 사용을 줄일 수 있을까? 해외 스포츠베팅업자들의 국내 침투를 막을 수 있을까? 스포츠 베팅 중독을 막을 수 있는 임계점을 넘어선다면 그 책임은 누가 질 것인가? 점점 더 커져가는 e스포츠 베팅 시장의 성장과 비트코인 같은 가상 화폐 시장의 등장으로 글로벌 스포츠 베팅 산업은 더욱 성장할 텐데 이를 정부가 규제할 능력이 있는가?

스포츠 베팅의 완전 개방과 적극적 지원은 빅데이터, 인공지능, 클라우드 컴퓨팅, 5G/6G 인터넷망, 신용카드, QR코드 결제, 가상화폐 등 결제 방법 및 수단의 진화, 스포츠 산업 관련 수준 높고 세련된 법과 제도의 정비, 스포츠 베팅 산업을 접하는 스포츠 팬들의 높은 의식 수준과 스포츠 베팅에 대한 긍정적인 국민 정서가 만들어질 경우에 비로소 실행하는 것이 안전하다. 스포츠 베팅 산업이 개방되는 순간 해외 유수의 글로벌 스포츠 베팅/카지노업체-시저스 엔터테인먼트 & 윌리엄 힐, MGM, 드래프트킹즈Draftkings, 팬듀얼FanDeul 등-의 먹잇감이 될 가능성이 크다. 이미 엄청난 자본력, 네트워크, 운영 노하우를 바탕으로 한 글로벌 플랫폼을 운영하고 있기 때문에 이들에게 신규 시장 진출은 그리 어려운 일이 아니다. 이들 전문 스포츠 베팅 업체들은 온라인 스포츠 베팅에 필요한 웹사이트와 앱 개발뿐만 아니라 스포츠경기장 내, 스포츠 바, 레스토랑에 스포츠 베팅을 할 수 있는 키오스크 설치 등으로 매우 적극적인 투자를 할 수 있다. 또한, 이들은 해당 국가와 지역에 있는 인기 스포츠리그와의 업무협약을 통해 관련 경기데이터를 스포츠 베팅에 관심 있는 팬들에게 독점 제공하는 등 스포츠 정보 분야에 이르기까지 엄청난 영향력을 미칠 것이다.

스포츠 베팅 시장의 완전 개방의 의미는 한편으로 스포츠 베팅 중독이나 경제적 손실 등의 책임이 더 이상 정부 및 관련 기관이 아닌 스포츠 베팅에 참여하는 개개인에 있다는 것을 뜻한다. 즉, 스포츠 베팅에 중독되어 개인 파산, 실직, 가정 경제의 파탄, 학업 장애, 일상생활 복귀가 어려운 사람들이 생겨나더라도 스포츠 베팅 업체들로부터 걷은 세금 중 일부를 중독자들의 치유 및 재활에 사용할 뿐 이들을 온전히 보호할 수 있는 방법은 없다. 정부와 카지노업체의 보호와 관리를 받지 못하는 도박 중독자의 양산은 과연 누군가의 주머니를 불려주기 위해 어쩔 수 없이 생겨나야 하는 필요악으로 치부하고 말 것인가?

실제로 유럽국가들 사이에서 우려가 현실이 되었다. 스포츠 베팅이 합법화되자 많은 관련 업체들은 엄청난 수입을 올렸지만 어느 누구도 스포츠 베팅/도박으로 인해 양산된 피해자들을 관리하거나 보호하는 데 앞장서지 않았다. 로마 조약The Rome Treaty에 따라 유럽연합에 속한 국가들 사이에 서비스 재화의 자유로운 거래와 왕래를 허가했다.* 하지만 유럽연합 소속 국가들은 회원국들의 자주적인 판단에 따

〈표 11〉 **스포츠 베팅의 합법화로 인한 긍정적 가치 및 혜택**

No.	정부 입장	구체적 내용/장단점
1	스포츠 베팅 시장의 완전/절대 금지	• 스포츠 베팅/도박의 잠재적 위험으로부터 국민 보호 (장점) • 불법 국내외 스포츠 베팅 업체 성행 (단점) • 불법 스포츠 베팅의 피해/도박 중독자 양산 (단점) • 복권 사업을 통한 각종 수입(세금 포함) 창출 기회 상실 (단점)
2	스포츠 베팅 시장의 제한적/부분적 개방 (민간 개방)	• 복권 사업을 통해 부분적 수입 창출 (라이센싱 비용/세금 등) (장점) • 불법 스포츠 베팅 업체 감소에 도움 (장점) • 도박 관련 피해 사례의 정보 습득에 도움 (장점) • 스포츠 베팅 조작 등 불법 행위 탐지 능력/역량 강화 (장점) • 국민들이 스포츠 베팅 업체의 광고에 노출 (단점) • 스포츠 베팅 피해 증가 (금치산자 등의 경제적 파산 및 중독자 양산) (단점)
3	스포츠 베팅의 정부 독점 및 공공 운영	• 복권 사업을 통한 세수 증대 (장점) • 복권 세금이 스포츠 산업 및 기간산업 등에 투자되는 선순환 효과 (장점) • 스포츠 베팅의 예방/교육/치료/재활 사업 (장점) • 부분적 신규 일자리 창출 (장점) • 해외 불법 스포츠 베팅/도박업체의 지속 (단점) • 복권 사업을 통한 탈세 행위 증가 (단점) • 정부 독점의 복권 사업의 정당성에 대한 본질적 문제 제기 (단점) • 민간 업체로부터 형평성 문제 제기 가능성 대두 (단점)
4	스포츠 베팅 시장의 완전 개방	• 정부 세수 확대 (장점) • 스포츠 산업 규모의 증대 및 시장 활성화 (장점) • 신규 일자리 창출 (장점) • 불법 스포츠 베팅 업체(도박사이트) 부분적 감소 (장점) • 스포츠 베팅 피해자 정보 파악을 통해 교육/치료/재활 기능 증대 (장점) • 스포츠 베팅으로 인한 (경제적/정신적) 피해자 증대 (단점) • 글로벌 스포츠 도박업체들의 시장 침투 (단점) • 스포츠 베팅 등의 보편화/일상화/편리화로 인한 사회적 피해 증대 (단점) • 미성년자들의 스포츠 베팅에 대한 노출 증대 (단점) • 탈세 및 불법 행위 증가 (단점) • [스포츠 베팅 시장이 완전 개방되면] 과거로의 회귀가 절대 불가능 (단점)

라 국경 지대의 도박을 제한할 수 있다고 해 도박과 관련한 문제는 결국 EU 회원국 스스로 책임지는 것이 바람직하다는 다소 모호한 절충안을 냈다.[15] 이는 결국 각 회원국이 골치 아픈 도박 중독 및 각종 부

* 로마 조약의 내용은 스포츠 베팅을 비롯한 도박이 서비스 재화에 속하는지 불분명했지만, 유럽연합 법원(European Court of Justice)은 도박(온라인 도박 포함) 역시 서비스 재화에 포함된다는 유권 해석을 내놓았다.

작용과 관련된 문제를 회피하기 위한 좋은 명분이 되었을 뿐이다. 실제로 대형 카지노/스포츠 베팅 업체들은 국경 지역에 업장을 열고 운영했고 도박 중독자들은 유럽 국경 사이에서 그 누구의 도움도 받지 못한 채 나락의 늪으로 빠지게 되었다. EU 회원국들은 도박으로 인한 수입 창출, 세수 증대, 일자리 창출과 같이 달콤한 꿀만 먹고 도박으로부터 발생하는 문제점에 대해서는 매우 소극적으로 대응하는 결과를 낳고 말았다.

최근 스포츠 산업은 4차 산업 혁명이라고 불리는 기술 혁신을 통해 많은 발전을 이뤘다. 빅데이터 산업의 발전은 그동안 일반인들의 시각에서는 다소 이해하기 어려웠던 각종 데이터를 시각화 프로그램을 통해 훨씬 더 이해하기 쉽게 만들었다. 더 나아가 빅데이터 분석기술의 발전은 스포츠의 가장 기본적이고 핵심적인 본질인 '경기 결과 예측의 불확실성'에 도전장을 내밀었다. 다시 말해서, 스포츠경기가 매력적인 가장 큰 이유는 '어떤 팀이 승리할지', 혹은 '어떤 선수가 우승할지 모른다'는 결과의 불확실성인데 각종 응용 통계 프로그램 및 알고리즘 개발을 통해 경기 결과를 정확하게 예측하려는 시도가 벌어지고 있다.

점점 더 커지고 있는 스포츠 베팅 시장의 잠재성과 성장 가능성을 인식한 일부 서방 국가들은 스포츠 베팅 산업을 제도권으로 끌어들이려는 모습을 보이고 있다. 영국, 호주, 이탈리아, 스페인에 이어 미국과 독일이 그 뒤를 따르고 있다. 스포츠 베팅은 스포츠 데이터 분석에 대한 기술력보다 오히려 각국 정부의 법과 규제에 더 큰 영향을 받는 규제 산업에 속하기 때문에 스포츠 베팅에 대한 정부가 어떤 시각과 정책 기조를 갖는지가 매우 중요하다. 스포츠 베팅 시장을 전면 개방할 것인가에 대한 논제는 마치 다시 돌아올 수 없는 다리를 건너는 것과 같이 매우 위중한 일이다.

스포츠 베팅 시장 개방을 지지하는 사람들은 스포츠 베팅이 스포츠 산업의 새로운 활로를 열 것이라는 기대에 차 있다. 신규 수익원 창출, 관련 스포츠리그/구단/선수들의 수익 증대, 정부의 세수 확대, 새로운 일자리 창출 및 연관 산업 발전, 스포츠 팬들의 여가활동 기회 제공, 국가 인프라 산업 활성화, 불법 스포츠 베팅 업체의 퇴출 등의 긍정적인 측면을 강조한다. 하지만 스포츠 베팅의 개방을 강력히 반대하는 사람들은 사행산업으로서 스포츠 베팅이 갖는 여러 가지 본질적 문제들을 근거로 스포츠 베팅이 절대로 허용되어서는 안 된다고 주장한다. 이처럼 스포츠 베팅 산업은 마치 칼날의 양면처럼 혜택과 잠재적 위험성을 동시에 내포하기 때문에 스포츠 베팅 산업을 바라보는 다양한 시각이 존재한다.

무엇보다 중요한 점은 바로 '스포츠 베팅에 노출되는 청소년을 어떻게 보호할 것인가'와 '도박 중독자를 어떻게 교육/치유/재활할 것인가'에 대한 분명하고 확실한 로드맵 없이 스포츠 베팅을 허용하는 일은 매우 위험하다는 사실이다. 스포츠 베팅에 대한 국민의 성숙도, 정서와 문화 역시 중요한 판단기준이다. 스포츠 베팅/카지노 업체들의 주장과 논리대로 스포츠 베팅을 단순히 재미있는 여가 및 레저 활동 중의 하나로 치부할 때 그 폐해는 걷잡을 수 없이 커질 것이다.

15 한국 스포츠 베팅 시장과 주요 규제

앞서 한 나라의 정부가 스포츠 베팅에 대해 취할 수 있는 선택지는 크게 전면 금지, 부분적/제한적 허용, 완전 허용의 세 가지로 나뉘며, 부분적/제한적 허용에는 정부가 스포츠 베팅 사업을 운영하는 방식이 포함된다고 했다. 한국은 스포츠 베팅을 부분적/제한적으로 허용하는 나라로 정부가 스포츠 베팅 사업을 운영하는 방식을 택하고 있다. 공기업인 국민체육진흥공단에서 스포츠토토를 운영하고 있으며, 환급금과 운영수수료를 제외한 수익금은 전액 국민체육진흥기금으로 편입되어 체육진흥이라는 공익 목적으로 사용되는 방식이다. 이러한 방식은 스포츠 베팅 산업을 정부의 관리하에 두어 스포츠 베팅 산업의 지나친 팽창과 폐해를 견제하면서도 스포츠 베팅을 통한 수익을 관련 스포츠 산업에 투자해 선순환 효과를 극대화할 수 있는 장점이 있다.

세계적으로 스포츠 베팅이 운영되는 방식을 보면, 경쟁 허용 여부에 따라 독점과 경쟁으로 나눌 수 있으며, 각 방식에서도 영리인지 비영리인지 또는 부분 경쟁인지 자유 경쟁인지로 나눠진다. 〈표 12〉는 세계 각국의 스포츠 베팅을 운영체계에 따라 구분한 것이다. 먼저 스포츠 베팅 시장을 독점 체계로 운영하는 경우, 그 목적에 따라 비영리와 영리로 나누어 볼 수 있으며, 비영리는 공공 기관 운영하는 경우와 비영리 기관이 운영하는 경우로 다시 나뉜다. 공공 기관의 독점 운영 체계는 스포츠 베팅을 국가의 관리하에 둠으로써 스포츠 베팅을 허용하는 방식 중 가장 강한 규제의 방식이며 한국과 더불어 일본, 싱가포르, 중국 등에서 채택하고 있는 체계이기도 하다. 이와 유사한 방식이나 비영리 기관이 운영하게 하는 방식은 홍콩과 스위스가 채택하고 있다. 영리를 목적으로 하는 민간 기업에게 독점사업권을 부여하는 방식은 상대적으로 드문 경우인데 대만의 사례가 있다.

반면, 복수의 업체들에게 경쟁을 허용하는 경우, 자유 경쟁인지 부분적으로 경쟁이 허용되는지에 따라 나누어 볼 수 있다. 먼저 부분적으로 경쟁이 허용되는 방식은 오프라인은 공공이 독점 운영하되 온라인만 민간 업체가 경쟁할 수 있도록 하는 것으로 덴마크와 프랑스가 채택하는 방식이다. 다음으로 자유 경쟁 방식은 말 그대로 스포츠 베팅 산업의 완전한 개방으로 다수의 사업자가 자유롭게 경쟁하는 시장 체제이다. 독일과 스페인과 같은 나라는 공공이 운영하는 스포츠 베팅 서비스가 자유 시장 경쟁에 참여하고 있다. 한편, 영국, 미국, 호주, 그리고 유럽연합 국가의 다수*는 민간 업체들이 자유롭게 경쟁하는

프랑스의 축구 로또

시장으로 스포츠 베팅 시장이 형성되어 있다.

한국이 스포츠 베팅 산업을 공공 기관에 의한 독점 방식으로 운영하는 정책적 의도는 명확하다. 사행산업인 스포츠 베팅 산업의 급격한 성장을 견제하면서 그 수익금을 활용해 스포츠와 관련한 공공 투자를 활성화하기 위해서이다. 그렇다면 스포츠 베팅 산업의 성장 속도를 조절하기 위해 한국 정부가 시행하고 있는 규제들은 어떤 것들이 있을까?

대표적인 규제로 '사행산업 총량제'를 들 수 있다. 사행산업 총량제를 이해하기 위해서는 먼저 한국의 사행산업 규제 당국인 사행산업통합감독위원회와 한국에서 허용되는 사행산업에 대해 알아봐야 한

* 유럽연합 국가 대부분이 스포츠 베팅 시장에 자유 경쟁 체제를 도입한 이유는 앞서 언급한 바와 같이 유럽연합 회원국간의 자유무역원칙(로마조약)에 기인한다.

〈표12〉 **스포츠 베팅 운영체계**

운영체계 구분			채택 국가
독점	비영리	공공 기관 운영	대한민국, 일본, 싱가포르, 중국
		비영리	홍콩, 스위스
	영리	민간 운영	대만
경쟁	부분 경쟁	온라인만 경쟁 (공공과 민간 경쟁)	덴마크, 프랑스 (오프라인은 공공 독점 운영)
	자유 경쟁	공공과 민간 경쟁	독일, 스페인, 캐나다
		민간 경쟁	영국, 미국, 호주, EU국가 다수

출처: 고정민, 강준호(2019)에 기반해 저자 편집 후 재작성.

다. 2007년 설립된 사행산업통합감독위원회는 한국 사행산업의 통합적 관리 감독을 담당하는 기관으로 사행산업의 규모를 제한하고 조정하며, 사행산업 현장을 조사해 지도/감독할 수 있는 권한을 가지고 있는 정부 기구이다. 사행산업통합감독위원회는 합법 사행산업에 대한 감독뿐만 아니라 불법 사행산업의 감시도 담당하고 있으며 도박 중독과 같은 사행산업으로 인한 문제에 대응하는 정책을 수립해 시행하는 주체이기도 하다. 여기서 합법 사행산업이란 카지노업, 경마, 경륜, 경정, 복권, 체육진흥투표권(스포츠토토), 소싸움 경기의 일곱 가지 사행산업을 의미한다. 이들 합법 사행산업에 대한 법적 정의는 〈표 13〉에 보이는 바와 같다. 이 중 스포츠 베팅으로 분류될 수 있는 것은 경륜, 경정, 그리고 체육진흥투표권일 것이며 국제적인 분류로는 경마 또한 포함될 수 있을 것이다. 우리가 본서에서 주요한 관심사로 보고 있는 체육진흥투표권, 즉 스포츠토토는 국민체육진흥법에 의해 "운동경기

〈표 13〉 **개별법에 규정된 사행산업의 법적 정의**

명칭	법적정의
카지노업	전문 영업장을 갖추고 주사위·트럼프·슬롯머신 등 특정한 기구 등을 이용해 우연의 결과에 따라 특정인에게 재산상의 이익을 주고 다른 참가자에게 손실을 주는 행위 등을 하는 업(「관광진흥법」 제3조)
경마	기수가 기승(騎乘)한 말의 경주에 대해 승마투표권(勝馬投票券)을 발매하고, 승마투표 적중자에게 환급금을 지급하는 행위(「한국마사회법」 제2조)
경륜	자전거 경주에 대한 승자투표권(勝者投票券)을 발매하고 승자투표 적중자에게 환급금을 내주는 행위 (「경륜·경정법」 제2조)
경정	모터보트 경주에 대한 승자투표권을 발매하고 승자투표 적중자에게 환급금을 내주는 행위(「경륜·경정법」 제2조)
복권	다수인으로부터 금전을 모아 추첨 등의 방법으로 결정된 당첨자에게 당첨금을 지급하기 위해 발행하는 표권(票券)(「복권 및 복권기금법」 제2조)
체육진흥 투표권	운동경기 결과를 적중시킨 자에게 환급금을 내주는 표권으로서 투표 방법과 금액, 그 밖에 대통령령으로 정하는 사항이 적혀 있는 것(「국민체육진흥법」 제2조)
소싸움 경기	소싸움경기장에서 싸움소 간의 힘겨루기(「전통 소싸움경기에 관한 법률」 제2조)

출처: 사행산업통합감독위원회

결과를 적중시킨 자에게 환급금을 내주는 투표권으로서 투표 방법과 금액, 그 밖에 대통령령으로 정하는 사항이 적혀 있는 것"으로 정의된다. 이러한 정의에 따라 체육진흥투표권은 〈표 14〉에서 볼 수 있는 여러 종류의 사행산업 중 현상업에 해당한다고 할 수 있다.

그렇다면 앞서 언급한 사행산업 총량제란 어떠한 규제일까? 간단히 말해서 한국에서 허용하는 7가지 사행산업의 규모가 일정한 수준 이상 성장하지 않도록 제한을 두는 것이라고 할 수 있다. 규모의 제한이라는 점에서 사행산업 총량제의 목적은 자명하다. 사행산업이 개인과 가정, 나아가 사회의 문제를 일으킬 수 있는 위험성을 내포하고 있다는 것을 직시하고, 사행산업에 대한 과도한 참여로 인해 문제가 확산하지 않도록 산업의 공급과 시장 규모를 적정 수준에서 성장하도록

〈표 14〉 **사행행위 업종별 정의**

명칭	법적정의
복권발행업	특정한 표찰(컴퓨터프로그램 등 정보처리능력을 가진 장치에 의한 전자적 형태를 포함한다)을 이용해 다수인으로부터 재물 등을 모아 추첨 등의 방법에 의해 당첨자에게 재산상의 이익을 주고 다른 참가자에게 손실을 주는 행위를 하는 영업
현상업 (懸賞業)	특정한 설문 또는 예측에 대해 그 해답의 제시 또는 적중을 조건으로 응모자로부터 재물 등을 모아 그 설문에 대한 정답자나 적중자의 전부 또는 일부에 대해 재산상의 이익을 주고 다른 참가자에게 손실을 주는 행위를 하는 영업
그 밖의 사행행위업	영리를 목적으로 회전판 돌리기·추첨·경품 등 사행심을 유발할 우려가 있는 기구 또는 방법 등에 의한 영업으로서 대통령령이 정하는 영업

출처: 사행산업통합감독위원회

〈표 15〉 **사행산업 총량제 개념**

구분		의미
사전적 개념	총량	전체의 양 또는 무게
	CAP	(법령, 협정 등에서 정한 가격, 임금 등의) 상한 또는 최고 한도
법적 개념		사행산업 업종 간의 통합 또는 개별 사행산업 업종의 영업장 수, 매출액 규모
종합적 개념		사행산업의 사회적 부작용 최소화 및 건전 발전을 견인하기 위해 일정기간 동안 유효하도록 설정한 사행산업의 상한 또는 최고 한도(CAP) 개념

출처: 사행산업통합감독위원회

하겠다는 것이다. 사행산업 총량제에 대한 기본 개념들은 〈표 15〉를 참고할 수 있다.

사행산업 총량제는 7가지 사행산업 업종의 매출액에 대한 제한과 영업장 수에 제한을 두는 방식으로 한국 사행산업의 규모를 규제한다. 먼저, 사행산업 매출에 대한 규제는 한국의 GDP를 기준으로 일정

〈표 16〉 **사행산업 매출 총량 설정 절차**

구분	의미
전체 총량 설정	사행산업 건전발전 종합계획의 해당연도 예상 국내총생산(GDP) 대비 사행산업 전체 순매출액 목표 비율에 따른 순매출액 규모 설정
업종별	전년도 사행산업 업종별 순매출액 매출 비중에 따라 해당연도 업종별 매출 총량 1차 설정 *전년도 총량 초과 업종은 초과 매출액의 100% 감액
총량 설정	사행산업 업종별 유병률을 30%로 해 사행산업 업종별 도박 중독 유병률의 과부족을 천분위로 환산한 값을 더하거나 뺌
1차 총량 보정	사행산업 시행기관 건전화평가 결과를 반영해 등급별로 더하거나 뺌
2차 총량 보정	그밖에 사행산업 업종별 특성을 고려해 위원회가 정하는 사항

출처: 사행산업통합감독위원회

비율을 설정해 그 비율 안에서 사행산업의 총매출이 유지되도록 한다. 이때 기준이 되는 비율은 OECD 국가 중 비교 대상국의 GDP 대비 사행산업 순매출* 비중을 참고해 설정했으며, 2008년 총량제의 첫 도입 당시 0.58%였던 목표 비율은 현재 0.51%로 설정되어 있다. 사행산업 총량제의 적용대상인 산업들은 업종별로 순매출액이 정해지며, 도박 중독 유병률, 사행산업 시행기관 건전화 평가 결과 등을 반영해 매년 조정된다. 업종별 매출 총량 설정 절차는 〈표 16〉에서 확인할 수 있다. 특히, 당해 매출 총량을 초과한 업종은 다음년도 매출 총량을 설정할 때 당해 초과한 액수만큼 삭감해 매출 총량을 준수하도록 하고 있다. 스포츠토토의 경우, 이 매출 총량을 준수하기 위해 매출

* 사행산업에서 순매출은 총매출에서 환급금을 제한 매출을 의미한다.

추이에 따라 연말에는 발행을 중지하는 일이 일어나기도 했다. 체육진흥투표권의 경우, 사행산업 중 시행기관 건전화 평가 결과가 우수하고 매출 총량을 잘 준수하는 편으로 해를 거듭할수록 총량이 증가해온 업종이다. 영업장 수 총량에 대한 규제는 전체 사행산업 영업장 수를 99개로 제한하는 것이다. 스포츠토토 판매점은 영업장으로 보지 않기 때문에 영업장 수 총량 규제를 적용받지 않는다. 2023년 기준 6,453개의 오프라인 판매점을 통해 스포츠토토가 판매될 수 있는 이유이다. 사행산업 총량제는 한 국가의 사행산업 매출 상한을 정해두고, 그 안에서 업종별로 매출 총량을 배분한다는 점에서 타 국가에서 비슷한 사례를 찾아보기 어려운 강력한 사행산업 규제라고 할 수 있다.

정부가 스포츠 베팅 산업의 성장을 조절하기 위해 사용하는 또 다른 규제는 스포츠 베팅이 가능한 종목을 지정하는 것이다. 스포츠 베팅 자체가 가능한 종목을 법으로 정해 둠으로써 스포츠 베팅이 다양한 종목으로 확산하고 시장 규모를 늘리는 것을 방지하는 방법이다. 스포츠토토의 경우 국민체육진흥법 시행령을 통해 축구, 야구, 농구, 배구, 골프의 다섯 종목에 한해 스포츠토토를 발매할 수 있도록 했다. 종목 규제는 스포츠 베팅 시장을 적극적으로 규제하는 나라들이 공통적으로 사용하는 방법 중 하나이다. 〈표 17〉은 스포츠 베팅 가능 종목 규제를 하고 있는 국가들과 허용 종목, 그리고 근거법령을 보여준다. 대부분 5개 종목 내외로 스포츠 베팅이 가능한 종목을 제한하고 있는데, 앞서 살펴봤던 스포츠 베팅 시장의 자유 경쟁을 금지하는 운영체

〈표 17〉 **종목 규제 국가 현황**

국가	허용종목	근거법령
일본	경마, 경륜, 경정, 모터사이클, 축구	- 일본 스포츠진흥투표 실시 등에 관한 법률
싱가포르	축구, 자동차 경주, 경마	- 싱가포르 도박관리법 2022
홍콩	축구, 경마	- 홍콩 도박 조례
베트남	축구, 경마, 그레이하운드 경주	- 홍콩 도박세 조례
한국	축구, 야구, 농구, 배구, 골프	- 베트남 경마, 그레이하운드 경주, 국제 축구 경기 베팅에 관한 법령
대만	야구, 농구, 축구, 테니스, 골프, e스포츠, MMA, 모터스포츠	- 국민체육진흥법 시행령

출처: 사행산업통합감독위원회

제를 택한 국가들이 포함되어 있음을 확인할 수 있다. 반면, 〈표 18〉에 나타난 국가별 스포츠 베팅 허용 종목을 참고하면 종목 규제가 없는 나라에서는 매우 다양한 스포츠가 베팅의 대상이 되고 있음을 알 수 있다.

한국 정부는 국민의 스포츠 베팅에 대한 과잉 참여를 방지하기 위해 국민체육진흥법 시행령을 통해 스포츠토토의 회차별 구매 가능 금액에 상한을 두고 있다. 구매 상한은 오프라인 판매소 구매는 10만 원, 공식 온라인 사이트(베트맨) 구매는 5만 원으로 정해져 있다. 회차별 베팅 금액의 제한을 두는 것은 개인 차원에서 스포츠 베팅에 과도하게 몰입하는 것을 방지하는 데 중요한 역할을 한다. 사람은 행위에 대한 보상으로 주어지는 자극의 크기에 익숙해지는 특성이 있는데

〈표 18〉 **국가별 발매 종목 현황**

구분	국가	베팅 종목
북미	미국	미식축구, 농구, 경마, 야구, 축구, MMA, 아이스하키, 슈퍼볼, e스포츠 등
	캐나다	축구, 농구, 테니스, 배구, 탁구, 배드민턴, 사격, 양궁, 테크볼, 야구, 아이스하키, 핸드볼, e스포츠, 비치발리볼, 당구, 에어하키, MMA
유럽	영국	축구, 야구, 농구, 권투, 크리켓, 사이클링, 다트, e스포츠, 헐링, 골프, 가상 축구, 가상 그레이하운드 경주, 핸드볼, 가상 경마, 아이스하키, 가상 자동차 경주, 오토바이 경주, 네트볼, 럭비, 당구, 탁구, 테니스, UFC, 배구, 육상, 배드민턴, 밴디, 비치발리볼, 체스, 낚시, 게일릭축구, 그레이하운드 경주, 하키, 요트, 레슬링, 가상 미식축구, MMA, 바이애슬론, 스키, 스키점프, 플로어볼, 가상 테니스, 수구, 경륜, 동계스포츠 등 종목 제한 없음
	스페인	축구, 농구, 테니스, 미식축구, 야구 및 아이스하키, 크리켓, 골프, 럭비 유니온, 럭비 리그, 다트, MMA, 권투, 핸드볼, 배구, 호주식축구, 포뮬러 원 및 기타 자동차 경주, e스포츠 등 모든 스포츠
	이탈리아	가상 축구, 육상, 배드민턴, 밴디, 야구, 가상 농구, 바이애슬론, 권투, 체스, MMA, 크리켓, 스키, 사이클링, 다트, 플로어볼, 가상 미식축구, 골프, 핸드볼, 경마, 아이스하키, 럭비, 요트, 당구, 탁구, 가상 테니스, 배구, 수구, 농구, 그레이하운드 경주, 모터스포츠, 서핑, 테니스, 프로레슬링, 동계스포츠, e스포츠
	독일	미식축구, 호주식 축구, 야구, 농구, 비치발리볼, 바이애슬론, 복싱, 크리켓, 다트, 아이스하키, 포뮬러 원, 축구, 게일릭 축구, 골프, 핸드볼, 육상경기, 모터사이클, NASCAR 레이싱, 경륜, 럭비 리그, 럭비 유니온, 체스, 알파인스키, 당구, 테니스, 탁구, 배구, 수구, e스포츠
	프랑스	축구, 테니스, MMA, 미식축구, 밴디, 야구, 농구, 바이애슬론, 권투, 크리켓, 스키, 사이클링, 다트, e스포츠, 플로어볼, 골프, 핸드볼, 아이스하키, 자동차경주, 럭비, 당구, 탁구, 배구
	스웨덴	축구, 아이스하키, 스키, 테니스, 골프, 밴디, e스포츠, 포뮬러 원, 플로어볼 등
	핀란드	아이스하키, 하키, 모터스포츠, 축구, 농구, 배구, 야구, 핀란드 야구, 당구, 테니스, MMA, 스키 점프, 바이애슬론, 스키, 포뮬러 원, e스포츠, 경마, 다트
	네덜란드	축구, 테니스, 농구, 아이스하키, 배구, 탁구, 배드민턴, 다트, 크리켓, e스포츠, 야구, 핸드볼, 미식축구, 풋살, 당구, MMA, 경륜, 경마, 골프, 권투, 그레이하운드 경주, 네트볼, 럭비, 모터스포츠, 바이애슬론, 밴디, 보트, 스키, 플로어볼, 경륜, 미식축구
	덴마크	축구, 야구, 핸드볼, 농구, 테니스, 골프, 권투, 크리켓, 경륜, 모터스포츠, 아이스하키, e스포츠, 탁구, 당구, 배구
	노르웨이	축구, 미식축구, 호주식축구, 풋살, 럭비, 비치발리볼, 배구, 수구, 야구, 농구, 크리켓, 컬링, 다트, 아이스하키, 밴디, 플로어볼, 핸드볼, 사이클링, 골프, 테니스, 배드민턴, 포뮬러 원, 당구, e스포츠 등

<table>
<tr><td rowspan="8">아시아</td><td>일본</td><td>경마, 경륜, 경정, 모터사이클(오토바이 경주), 축구(스포츠진흥투표권)</td></tr>
<tr><td>중국</td><td>축구, 농구, 야구, 탁구, 배드민턴 등</td></tr>
<tr><td>마카오</td><td>축구, 농구, 경마</td></tr>
<tr><td>홍콩</td><td>축구, 경마</td></tr>
<tr><td>대만</td><td>야구, 농구, 축구, 테니스, 골프, e스포츠, MMA, 모터스포츠(F1)</td></tr>
<tr><td>필리핀</td><td>MMA, 수구, 모터스포츠, 핸드볼, 럭비, 경륜, 테니스, 그레이하운드 경주, 농구, e스포츠, 경마, 배드민턴, 크리켓, 하네스 레이싱, 탁구, 축구, 골프, 배구, 권투, 알파인 스키</td></tr>
<tr><td>싱가폴</td><td>축구, 자동차경주, 경마</td></tr>
<tr><td>베트남</td><td>축구, 경마, 그레이하운드 경주</td></tr>
<tr><td rowspan="2">오세아니아</td><td>호주</td><td>미식축구, 호주식축구, 야구, 농구, 권투, 크리켓, 다트, 골프, 아이스하키, MMA, 자동차 경주, 정치, 럭비 리그, 럭비 유니온, 당구, 축구, 서핑, 탁구, 테니스, e스포츠</td></tr>
<tr><td>뉴질랜드</td><td>경마, 축구, e스포츠, 다트, 사이클링, 골프, 풋살, 미국 하키(NHL), 미국 야구(MLB), 미국 농구(NBA), 럭비, 크리켓, 네트볼, 테니스, 골프, MMA</td></tr>
</table>

이는 스포츠 베팅을 통해 얻는 보상도 마찬가지이다. 스포츠 베팅으로 돈을 땄을 때의 쾌감 또한 익숙해질 수 있다는 뜻이다. 이는 다음에 같은 수준으로 흥분이나 쾌감을 느끼기 위해서 더 많은 돈을 걸 수 있다는 것을 의미한다. 베팅 금액에 대한 제한이 이루어지지 않으면, 이용자는 베팅 금액을 점점 늘려가게 되고 이는 중독으로 이어질 수 있을 것이다. 한편, 도박을 하는 사람은 자신이 돈을 잃었을 때 이를 다음번에 만회하고자 하는 경향을 보인다. 이를 '손실만회행동Chasing Behavior'이라고 하는데, 베팅 금액에 대한 제한이 없다면 스포츠 베팅으로 돈을 잃은 사람은 이전 손해를 만회하기 위해 더 많은 돈을 거는 악순환을 반복하게 될 것이다.

스포츠 베팅 산업을 공공 기관에 의한 독점 시장체제로 운영하는 한국은 공공의 목적을 위해 스포츠 베팅을 통한 수익을 창출하는 한편, 사행산업으로서 스포츠 베팅 산업이 과도하게 확장하는 것을 견제하고자 하는 정책적 의도를 가지고 있다. 이러한 정책적 의지는 사행산업 총량제라는 강력한 규제를 필두로 스포츠 베팅 허용 종목 제한과 구매금액 제한 등 적극적인 시장 규제를 통해 실천되고 있음을 알 수 있다. 이는 유사한 스포츠 베팅 산업 운영체제를 채택하고 있는 다른 국가들과 비교해 보아도 매우 적극적인 통제라고 할 수 있다. 스포츠 베팅으로 인해 발생할 수 있는 개인적·사회적·국가적 문제를 '합법적' 스포츠 베팅의 테두리 안에서만은 철저히 관리하겠다는 정부의 의도를 여실히 읽을 수 있는 대목이다. 그렇다면 현재의 '합법적' 스포츠 베팅이 스포츠 베팅과 관련한 문제에 성공적으로 대응하고 있는 것일까?

16

한국 스포츠 베팅 시장 활성화의 딜레마

앞서 살펴본 바와 같이 한국은 스포츠 베팅을 합법적으로 허용하되 공공 기관의 독점운영체제로 운영함으로써 적극적인 통제와 관리를 하고 있다. 이는 스포츠 베팅 산업의 성장 속도를 조절하고 그 수익금을 공익 목적으로 사용함과 동시에 스포츠 베팅으로 인해 야기될 수 있는 사회적 부작용에 효과적으로 대처할 수 있는 방안으로 보일 수 있다. 그렇다면 실제 한국에서는 스포츠 베팅 시장이 '합법적' 스포츠토토로 잘 규제되고 있을까? 현실은 그렇지 않다. 합법적 스포츠토토보다 몇 배 크고, 정부의 규제를 받지 않는 불법 스포츠 베팅 시장이 존재하기 때문이다.

한국에서 불법 스포츠 베팅을 정의하는 것은 간단하다. 합법인 스포츠토토 이외의 모든 스포츠 베팅은 불법이기 때문이다. 불법 스포츠 베팅 시장 자체가 불법인 만큼 그 규모를 정확히 파악하는 것은 불가능하지만 선행연구들을 통해 그 규모를 추정해 볼 수 있다. 〈그림 7〉은 2011년부터 3~4년 간격으로 사행산업통합감독위원회가 조사한 한국의 불법 스포츠 베팅 시장 규모 추정치를 합법 스포츠 베팅 시장 규모와 함께 보여준다. 불법 스포츠 베팅 시장의 규모가 합법 시장에 비해 약 3배에서 5배에 달하는 것을 알 수 있다. 해당 조사가 성인만을 대상으로 시행되었기 때문에 18세 이하 청소년의 불법 스포츠 베팅 규모를 제외했다는 점을 고려하면 실제 불법 스포츠 베팅 시장은 더 클 것이다. 20조 원이 넘는 불법 스포츠 베팅 시장이 정부의 규제 밖에서 스포츠 베팅 이용자들을 유혹하고 있는 것이다.

그렇다면 왜 한국의 스포츠 베팅 이용자들은 합법적으로 허용되는 스포츠토토를 두고 불법 스포츠 베팅을 이용하는 것일까? 한국의 체육진흥투표권(스포츠토토)과 여러 나라에 스포츠 베팅 서비스를 제공하는 해외 기업의 비교를 통해 답을 찾아보자. 〈표 19〉는 한국의 체육

〈그림 7〉 **한국의 합법 및 불법 스포츠 베팅 시장 규모**(단위: 억 원)

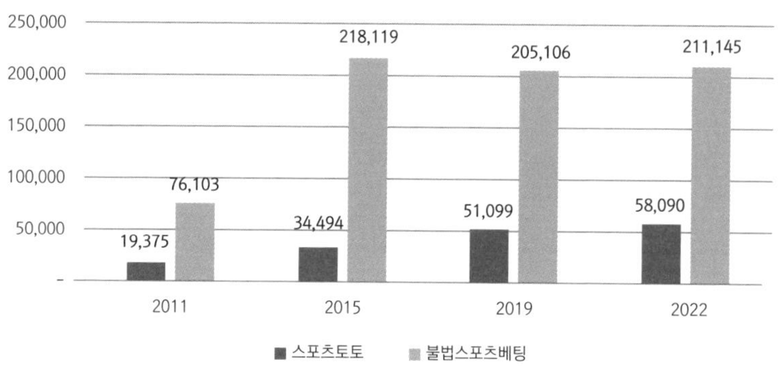

〈표 19〉 **한국의 체육진흥투표권과 다국가 서비스 스포츠 베팅 기업 비교**(2023년 기준)

구분	체육진흥 투표권	Flutter Entertainment[1]	Bet365	Evoke Plc.[2]	Entain Plc.[3]
운영국가	대한민국	아일랜드	영국	영국	영국
이용 가능 국가	대한민국 (1개국)	미국, 영국, 아일랜드, 호주 등 약 100개국	영국, 호주, 아일랜드, 스페인 등 약 50개국	영국, 미국, 유럽 등	영국, 유럽, 북미, 남미, 오세아니아 등 지역의 30개국
다국어 제공	없음	있음	있음	있음	있음
매출액[4][5]	2조 2천억 원	9조 2천억 원	4조 4천억 원	1조 2천억 원	4조 2천억 원
대상 경기 종목	축구, 야구, 농구, 배구, 골프	약 30종목 이상	약 30종목	약 25종목	약 30종목
라이브 베팅	없음	있음	있음	있음	있음
모바일 베팅	없음	있음	있음	있음	있음
베팅 횟수 규제	있음 (1일 6회)	없음	없음	없음	없음

1) FanDuel, Paddy Power, Betfair, Sky Betting & Gaming, Sportsbet 등을 자회사로 두고 있는 국제 스포츠 베팅 및 도박기업으로 세계 최대의 온라인 베팅 회사임.
2) William Hill(미국 외), 888sport 등을 자회사로 두고 있는 국제 스포츠 베팅 및 도박기업.
3) bwin, Coral, Ladbrokes, Sportingbet 등을 자회사로 가진 국제 스포츠 베팅 및 도박기업.
4) 매출액은 총매출액에서 환급금을 제외한 순매출액 기준임.
5) 다국가 서비스 스포츠 베팅 기업은 스포츠 베팅과 더불어 온라인 게임 등의 서비스를 제공하고 있는 관계로 스포츠 베팅 부문의 매출액만을 표시한 것임.
출처: 사행산업통합감독위원회(2024), 각 기업 회계감사보고서

진흥투표권과 다국가서비스 스포츠 베팅 기업을 비교한 표이다. 해당 표에서 비교 사례로 든 기업들은 민간 기업의 스포츠 베팅 산업 자유경쟁 체제를 택하는 나라들을 대상으로 서비스를 제공하는 회사들로 합법적으로 운영되는 스포츠 베팅 기업들이다.

먼저 대상 경기 종목을 보면 체육진흥투표권은 축구, 야구, 농구, 배구, 골프 다섯 종목만을 대상으로 하고 있는 반면, 해외 스포츠 베팅

기업들은 축구, 야구 등은 물론이고 이종격투기, 모터스포츠, e스포츠에 이르기까지 거의 모든 스포츠를 베팅 대상으로 삼는다. 또한, 해외 스포츠 베팅 기업들은 경기 진행 중에도 베팅이 가능한 라이브 베팅(혹은 인-플레이 베팅) 상품도 제공하는 반면 체육진흥투표권은 제공하지 않고 있다. 이로 인해 미성년자 및 도박 중독 위험군을 포함한 스포츠 베팅 참여자들은 체육진흥투표권보다 불법 스포츠 베팅에 더 끌릴 수밖에 없는 상황이다.

스포츠 베팅 이용자의 서비스 접근성에서도 차이가 난다. 체육진흥투표권은 모바일 플랫폼을 제공하지 않으며, 베팅 횟수도 1일 6회로 제한을 두고 있다. 접근 편의성이 높은 모바일 플랫폼을 주력으로 하면서 베팅 횟수에 제한이 없는 해외 스포츠 베팅 기업의 서비스와는 큰 차이를 보인다.

이 비교에서 흥미로운 부분은 매출액이다. 2023년 기준 체육진흥투표권의 매출액은 2조 2천억 원이다. 비교의 대상이 된 해외 스포츠 베팅 기업 중 다수는 체육진흥투표권보다 더 많은 매출을 올리고 있기는 하다. 여기서 주의해야 할 부분이 있다. 체육진흥투표권이 한국이라는 하나의 시장만을 대상으로 제한된 베팅 형식을 지닌 서비스를 제공하고 있는 반면 해외 스포츠 베팅 기업들은 글로벌 시장을 대상으로 어떠한 규제와 제한이 없는 베팅 서비스를 제공하고 있다. 따라서, 해외 스포츠 베팅 기업의 매출액과 비교할 때 체육진흥투표권의 매출이 적기 때문에 스포츠토토를 확대해야 한다는 주장에는 다소 모순이 따른다.

그렇다면 왜 이런 현상이 발생한 것일까? 답은 바로 환급률에 있다. 여기서 매출액은 표에서도 부가설명이 되어 있는 것처럼 총매출액에서 환급금을 제외한 순매출액을 기준으로 한다. 해외 스포츠 베팅 기업들의 환급률이 약 90%에 달하는 반면, 체육진흥투표권의 환급률은 약 63.4%에 불과하다. 다시 말해, 해외 스포츠 기업들의 순매출은 총매출의 10%에 불과하지만, 체육진흥투표권은 총 매출의 36.6%가 순매출이기 때문에 이러한 일종의 착시 현상이 나타나는 것이다. 이는 스포츠 베팅 이용자의 관점에서 보면 베팅의 승리를 통해 가져갈 수 있는 상금이 체육진흥투표권은 더 적다는 것을 의미한다.

요컨대, 체육진흥투표권과 해외 스포츠 베팅 서비스를 비교해보면, 체육진흥투표권은 상품성과 접근성이 낮을 뿐만 아니라 환급률, 즉 베팅에 대한 보상도 적다. 한마디로 소비자 입장에서 볼 때 베팅 상품의 매력이 한참 부족하다는 얘기다. 불법 스포츠 도박은 기회를 놓치지 않고 이 틈을 파고들었다.

불법 스포츠 도박은 합법인 스포츠토토가 가지고 있는 약점을 철저히 파고들어 이용자를 끌어들인다. 체육진흥투표권과 불법 스포츠 베팅의 차이는 〈표 20〉을 통해 확인할 수 있다. 먼저 제도권에 있는 체육진흥투표권과 달리 불법 스포츠 베팅은 당국의 규제를 전혀 받지 않는다. 불법 스포츠 도박은 모바일 플랫폼을 중심으로 서비스가 이루어지며, 구매 시간이 오전 8시부터 오후 10시로 제한된 체육진흥투표권과 달리 24시간 구매 가능하다. 말 그대로 언제 어디서나 스포츠 베팅이 가능하다는 얘기다. 불법 스포츠 베팅은 라이브 베팅을 포

〈표 20〉 **합법 스포츠 베팅(체육진흥투표권)과 불법 스포츠 베팅 비교**

구분	합법 스포츠 베팅(체육진흥투표권)	불법 스포츠 베팅
규제	사행산업통합감독위원회에 의해 엄격히 규제됨	규제 당국 부재
접근성	모바일 베팅 불가 구매 시간 제한(08:00~22:00) 라이브 베팅 불가	모바일 베팅 성황 24시간 구매 가능 라이브 베팅 가능
상품 다양성	다양하지 못함	매우 다양함
배당률	해외 스포츠 베팅 평균보다 낮음	해외 스포츠 베팅과 유사한 수준
환급률	프로토(고정 배당률식): 50~70% 토토(고정 환급률식): 50%	약 90% (고정 배당률식)
베팅 제한	오프라인: 10만 원 온라인: 5만 원	무제한(사이트별로 다름)
과세	환급금이 200만 원 초과 또는 적중 배당률이 100배 초과인 경우 22%	없음

출처: 이연호·조택희·배영목·박영화(2018)에 기반해 저자 편집 후 재작성.

함해 다양한 베팅 상품을 제공하면서도 체육진흥투표권보다 높은 환급률로 보상 수준 또한 훨씬 뛰어나다. 베팅 횟수나 금액도 사이트별로 차이는 있으나 체육진흥투표권과 비교하면 제한이 없는 것이나 다름없으며, 환급금에 대한 세금 또한 부과되지 않는다. 물론 불법 스포츠 베팅은 '불법'이기 때문에 베팅에서 승리하더라도 환급금을 받지 못할 위험이 있다는 큰 단점이 있다. 운영자가 환급을 하지 않고 사이트를 폐쇄한다든가 하는 소위 '먹튀'가 발생할 수 있다는 것이다. 합법인 체육진흥투표권에서는 절대 일어나지 않을 위험이지만 더 큰 보상과 자극을 원하는 스포츠 베팅 이용자들에게 이러한 위험은 충분히 감수할 만한 것으로 여겨지고 있다.

학계에서는 합법 스포츠 베팅 시장과 불법 스포츠 베팅 시장의 관계를 대체관계와 보완관계라는 상반된 시각으로 해석하고 있다. 먼저 합법 시장과 불법 시장을 대체관계로 보는 관점은 불법 스포츠 베팅 시장에 대한 규제가 제대로 되지 않는 상황에서 합법 스포츠 베팅에 대한 규제가 강화되면 불법 스포츠 베팅 시장이 확대된다는 것으로 두 시장의 관계를 '풍선효과'로 설명한다. 이 관점은 합법 스포츠 베팅 시장의 규제를 완화함으로써 불법 스포츠 베팅 시장으로부터 이용자를 합법 시장으로 이동시킬 수 있다는 논리의 근거이기도 하다. 이 관점을 지지하는 사람들은 합법 스포츠 베팅 시장의 총량을 늘리는 식의 접근으로 불법 스포츠 베팅 시장의 축소를 유도할 수 있다고 주장한다.

반면, 두 시장의 관계를 보완관계로 보는 관점은 합법 스포츠 베팅이 불법 스포츠 베팅으로 이용자를 유입하는 역할을 한다는 것으로 '입구 효과' 또는 '기관차 효과'라고 불린다. 사행산업 수요가 합법 스포츠 베팅 시장에서 형성되어 불법 스포츠 베팅 시장으로 이동한다는 것이다. 이 관점에 동의하는 사람들은 불법 스포츠 베팅 시장을 축소하기 위해서는 아예 스포츠 베팅 자체를 금지해야 한다고 주장한다. 풍선효과와 입구 효과에 대한 실증적 근거가 제한된 가운데 전문가들은 두 관점 중 어느 하나만 옳다고 하기보다는 두 관점이 부분적으로 작용하는 것으로 보는 것이 옳다는 데 의견을 모으고 있다.[16)]

스포츠 산업계에서 목소리를 내고 있는 불법 스포츠 베팅의 양성화 논리는 합법 시장과 불법 시장을 대체관계로 보는 관점에 기반을

〈그림 8〉 **연도별 불법 스포츠 도박 사이트 심의 및 수사 의뢰 건수**

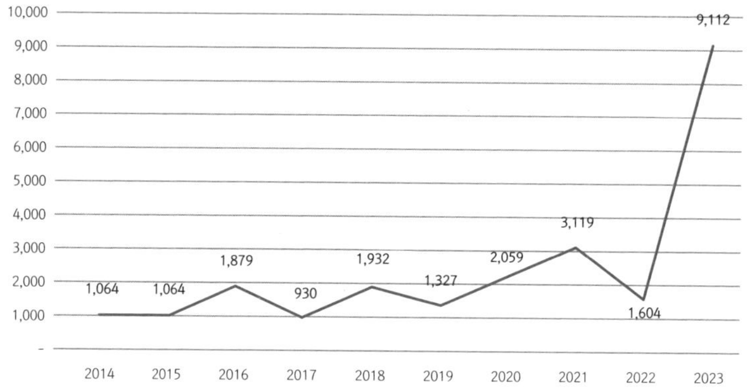

두고 있다. 합법 스포츠 베팅 시장의 규제를 완화해 합법 시장을 확대함으로써 불법 스포츠 베팅 시장을 축소하고, 불법 시장의 자금을 합법 시장으로 유도해 궁극적으로 공익 목적의 기금 확대를 도모할 수 있다는 것이다. 합법 스포츠 베팅 시장 규모의 5배에 이를 것으로 추정되는 불법 스포츠 베팅 시장의 자금을 합법 시장으로 끌어들여 공익성을 강화하고, 이용자들을 통제 가능한 영역에 두자는 주장은 충분히 설득력이 있다. 실제로 프랑스, 독일, 이탈리아 등은 온라인 스포츠 베팅을 합법화해 불법 스포츠 베팅 시장을 성공적으로 축소한 바 있다. 프랑스에서는 2008년 온라인 스포츠 베팅의 합법화 이전 불법 스포츠 베팅 시장 규모가 합법(오프라인) 시장의 3배 이상이었던 것으로 추정되나, 온라인 스포츠 베팅 합법화 이후 2년 만에 불법 시장 규모가 절반 이하로 축소되었다. 독일, 이탈리아도 마찬가지로 온라인 스포츠 베팅 합법화 이후 불법 시장의 규모가 급속히 줄어든 것으로 알려져 있다. 비록 도박 중독자가 얼마나 더 양산되었는지에 대한 조사는 없지만…….

그렇다면 한국의 맥락에서 합법 스포츠 베팅 시장을 활성화해 불법 스포츠 베팅 시장을 축소하기 위해서는 어떠한 방법을 고려할 수 있을 것인가? 그리고 그러한 방안들에 수반되는 역효과나 부작용은 없을까? 앞서 살펴본 체육진흥투표권과 불법 스포츠 베팅의 차이에 주목해 하나씩 생각해보자.

먼저 환급률부터 살펴보자. 60%대 중반에 머무르는 체육진흥투표권의 낮은 환급률은 스포츠 베팅 이용자가 불법 스포츠 베팅으로 이동하는 가장 큰 이유라고 할 수 있다. 불법 스포츠 베팅 이용자를 대상으로 한 선행연구에 따르면 불법 스포츠 베팅을 이용한 이유 중 '배당률이 높아서'가 가장 큰 이유로 나타났다. 이용자 입장에서는 같은 베팅에서 같은 결과를 얻더라도 환급률이 90%에 이르는 불법 스포츠 베팅에서 더 큰 금전적 보상을 기대할 수 있기 때문이다. 그렇다면 합법 스포츠 베팅 시장을 활성화하기 위해, 다시 말해 합법 스포츠 베팅의 매력을 높이기 위해 환급률을 높이 조정하는 것이 가능할까? 제도적으로는 충분히 가능하다. 체육진흥투표권의 환급금에 관한 국민체육진흥법의 조항은 환급금을 체육진흥투표권 발매 금액의 50% 이상으로 해야 한다고 하한선만 제시하고 있으며, 토토(고정 환급률식)의 50%와 프로토(고정 배당률식)의 50%에서 70%라는 환급률은 시행령으로 정하고 있다(〈표 21〉 참조). 따라서 시행령만 개정해 스포츠토토와 스포츠 프로토의 환급률을 조정한다면 국민체육진흥법의 개정

〈표 21〉 **체육진흥투표권 환급금 관련 법령**

법령	내용
국민체육진흥법 제27조 1항	수탁사업자는 체육진흥투표권을 구매하고 운동경기 결과를 적중시킨 자에 대해 대통령령으로 정하는 바에 따라 그 체육진흥투표권 발매 금액 중 100분의 50 이상을 환급금으로 내주어야 한다
국민체육진흥법 시행령 제33조 1항	법 제27조 제1항에 따른 환급금은 다음 각 호와 같다. 1. 고정 환급률식 체육진흥투표권: 해당 투표 대상 운동경기에 대한 체육진흥투표권 발매 금액의 100분의 50. 다만, 체육진흥투표 적중자가 없는 경우 이월 횟수와 이에 따른 환급금 지급방법에 관한 사항은 진흥공단이 문화체육관광부 장관의 승인을 받아 정한다. 2. 고정 배당률식 체육진흥투표권: 해당 사업연도의 고정 배당률식 체육진흥투표권 발매금액 총액의 100분의 50부터 100분의 70까지

없이도 환급률을 상향 조정할 수 있다.* 불법 스포츠 베팅과 경쟁력 있는 수준까지 환급률을 높일 수 있다는 것이다.

하지만 이러한 방법을 취해도 아무런 문제가 없는 것일까? 우리는 한국이 체육진흥투표권을 통해 스포츠 베팅을 합법화하고 있는 이유를 다시 한번 생각해봐야 한다. 체육진흥투표권의 수익금은 국민체육진흥기금을 조성하는 데 사용된다. 다시 말해 공익적 목적으로 사용하기 위한 기금을 확보하기 위해 스포츠토토를 판매하는 것인데, 만약 환급률을 높인다면 그만큼 기금 조성으로 배당되는 수익금의 비율이 줄어들게 된다. 물론 불법 시장의 자금이 합법 시장으로 유입되어 스포츠토토의 매출액 자체가 늘어나면, 이전보다 낮은 수익금 비율로도 더 많은 기금을 확보할 수 있다는 논리가 가능하다. 하지만 이 경우에도 어느 수준까지 환급률을 올리는 것이 불법 시장의 자금을 얼

* 국민체육진흥법의 개정은 국회의 동의를 얻어야 하지만 시행령의 개정은 국무회의 의결만으로 가능하다.

마나 양성화할 수 있는지, 그리고 낮아진 수익금 비율로도 더 많은 기금을 조달할 수 있을지에 대한 연구가 선행되어야 한다. 또한 높아진 보상으로 인해 합법적인 스포츠 베팅을 하는 사람들의 사행 행위 욕구가 지나치게 자극되지는 않을지에 대한 깊은 고민도 필요하다.

다음으로는 접근성과 더불어 베팅 상품성을 생각해 볼 수 있다. 사실 스포츠 베팅의 접근성과 상품성은 밀접한 관련이 있다. 세계적으로 스포츠 베팅에서 인기를 끌고 있는 상품은 라이브 베팅(=인-플레이 베팅)이라고 할 수 있는데 이것이 가능하기 위해서는 이용자가 언제 어디서나 스포츠 베팅을 할 수 있는 접근성이 확보되어야 하기 때문이다. 앞서 언급한 선행연구에서 불법 스포츠 베팅 이용 이유로 '쉽게 접근할 수 있어서'와 '구매 시간에 제한이 없어서'가 각각 두 번째와 세 번째 이유로 꼽힌 것은 접근성의 중요성을 시사한다(〈그림 9〉 참조). 때문에 불법 스포츠 베팅 이용자를 합법 시장으로 끌어들이기 위해서

〈그림 9〉 **불법 스포츠 베팅 이용 이유**(중복응답, 단위: %)

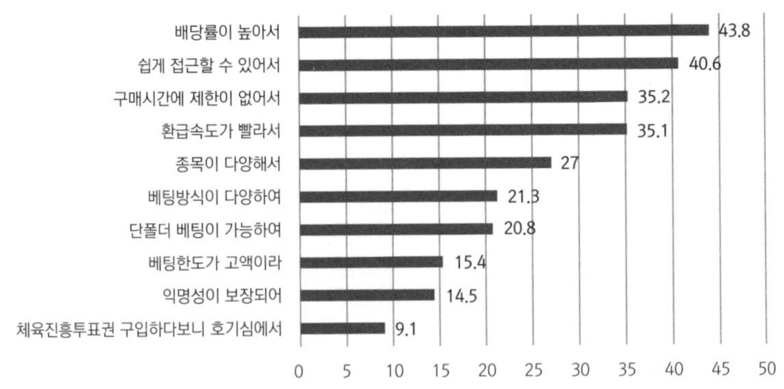

는 체육진흥투표권의 판매시간 제한을 해제하고, 모바일 구매가 가능한 플랫폼을 도입해 접근성을 개선하는 것이 필요할 것이다. 그리고 이러한 접근성을 바탕으로 라이브 베팅과 같은 이용자가 선호하는 게임을 제공하고, 현재 오프라인 10만 원, 온라인 5만 원으로 정해져 있는 베팅 제한도 완화하는 방향으로 바뀔 수밖에 없다. 어떻게 보면 이러한 것들은 운영 차원에서 추진할 수 있는 요소들로, 앞서 언급한 환급률의 조정보다 더 쉽게 바꿀 수 있는 것들이라고 할 수 있다.

하지만 체육진흥투표권의 접근성과 상품성을 개선하는 것이 불법 스포츠 베팅 이용자를 합법 시장으로 유인하는 동시에 합법 스포츠 베팅 이용자의 건전한 이용에 악영향을 미칠 수 있다는 점을 간과해서는 안 된다. 스포츠토토의 접근성을 높인다는 것은 사람들이 하루 24시간 언제 어디서나 스마트폰을 통해 손쉽게 도박을 할 수 있게 한다는 것을 의미한다. 스마트폰을 하루종일 손에서 놓지 않고 쉴 새 없이 소셜 미디어의 컨텐츠를 소비하듯이 스포츠 베팅을 할 수도 있다는 뜻이다. 또한, 본서를 통해서도 이미 언급했듯이, 스포츠 베팅은 더 자극적이고 이용자의 몰입을 극대화하는 방향으로 게임을 디자인하고 있으며 그 대표적인 것이 라이브 베팅, 혹은 인플레이 베팅이다. 한 경기에도 수백 개의 옵션이 만들어지는 라이브 베팅은 빠른 게임을 통해 자극과 보상의 간극을 극단적으로 줄여 도박 충동을 더욱 자극하고 자기 통제를 쉽게 잃게 한다. '건전한 레저'인 스포츠토토를 즐기면서 나도 모르는 사이에 스포츠 베팅 중독에 빠져들 가능성이 커진다는 것이다.

스스로 도박 중독 증세를 경험한 카지노 이용자는 일정 기간-짧게는 일주일에서 길게는 1년 이상-동안 카지노에 출입할 수 없도록 카지노에 도움을 요청할 수 있다. 이는 스스로 제어할 수 없을 만큼 도박 충동과 욕구가 과도하다는 것을 인정하는 사람들이 유용하게 사용하는 방법이다. 스포츠토토가 불법 스포츠 베팅과 유사한 방식으로 운영된다면 베팅 상품의 위험성이 높아질 뿐만 아니라 온라인을 통한 24시간 베팅이 가능해져 '카지노 출입 금지 제도'라는 전통적인 도박 중독 방지책은 무용지물이 되고 말 것이다.

도박 중독을 측정하기 위해 널리 쓰이는 평가도구 중 하나인 캐나다 도박 중독 검사지CPGI: Canadian Problem Gambling Index라는 것이 있다. 이 척도에는 9개 문항으로 구성된 도박 중독 검사지PGSI: Problem Gambling Severity Index가 포함되어 있는데 이는 도박 중독 수준을 심각성 정도에 따라 비문제성 도박, 저위험 도박, 중위험 도박, 문제성 도박의 네 단계로 구분한다. 이 중 중위험 도박과 문제성 도박에 해당하는 사람들을 도박 중독이 심각한 집단으로 본다. 이 척도를 이용한 최근 조사결과에 따르면(〈그림 10〉 참조), 불법 스포츠 도박 경험자(n=571)의 경우, 문제성 도박 집단이 약 70%를 차지했고 중위험 도박 집단이 약 15%를 차지해 85%가 도박 중독 증세를 보이는 것으로 나타났다. 반면, 체육진흥투표권만 경험해본 집단(n=554)은 문제성 도박 집단이 약 26%, 중위험 도박 집단이 약 24%를 차지하는 것으로 나타나 불법 스포츠 도박 경험자에 비해 상대적으로 도박 중독 증세를 보이는 비율이 적으며, 매우 심각한 수준인 문제성 도박 집단은 불법 스포츠 도박 경험자

〈그림 10〉 **스포츠 베팅 이용자의 도박 중독 위험성**(CPGI, 단위: %)

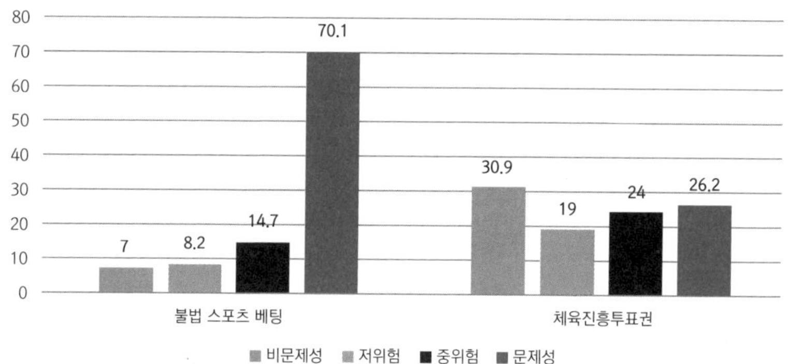

의 3분의 1 수준이었다(이연호·박영화·배영목·조택희, 2019). 이러한 결과는 불법 스포츠 도박의 접근성과 상품성이 이용자를 도박 중독에 취약하게 만든다는 것을 시사한다.

우리는 합법 스포츠 베팅인 체육진흥투표권의 경쟁력을 높이기 위해서 접근성과 상품성을 어떻게 개선할 것인가 고심하기에 앞서, 우리가 애초에 그것을 왜 구매하기 불편하고 덜 자극적이게 만들어 놓았는지를 잊지 말아야 한다. 합법 스포츠 베팅의 규제 완화를 주장하는 측에서 강조하는 것 중 하나가 스포츠 베팅에 중독된 사람들을 불법 시장에 두는 것보다 합법 시장으로 유도해 관리하는 것이 더 효과적이라는 것이다. 스포츠 도박 중독 위험군이 불법 시장에서는 아무런 도움도 받지 못하고 방치될 것이 자명하기 때문에 이러한 주장은 분명히 설득력이 있다. 하지만 불법 시장에 있는 스포츠 도박 중독자들을 합법 시장으로 유인하기 위해 합법 스포츠 베팅을 불법 시장과 같이 중독성이 높은 방향으로 만드는 것이 과연 옳은 일일까? 오히려 기존 합법 시장에 있는 이용자들을 더 높은 스포츠 베팅 중독의 위험에 노출시키는 일이 되지는 않을까?

본서의 첫 부분에 나온 "베팅은 처음부터 스포츠의 일부분이다"라는 IOC로부터의 인용문을 기억할 것이다. 그 인용문은 2010년 스위스에서 열린 IOC 세미나 '스포츠 베팅: 직면해야 할 도전'을 통해 도출된 권고문에서 나온 문구이다. 해당 권고문은 스포츠 베팅이 스포츠와 시작부터 함께였으며, 대중이 스포츠를 즐기는 방법 중 하나이고, 스포츠를 위한 재정을 확보하는데 중요한 수단임을 인정하는 것으로 시작한다. 하지만 해당 권고문의 핵심 요지는 스포츠 베팅이 스포츠의 진실성integrity을 해하는 위협이 될 수 있으며, 이를 견제하기 위해 기울여야 할 이해당사자들의 노력을 권고하는 것이다.

스포츠 베팅은 이미 우리 사회 깊숙이 퍼져있다. 청소년들은 온라인 불법 스포츠 베팅에 무방비로 노출되어 있고 도박 중독치료를 받은 학생 수는 지난 5년간 3배 이상 증가했다. 충동 및 강박증세를 보이거나 자기 절제 능력이 부족한 일명 '도박 중독 위험군'에 속한 성인들 역시 스포츠 베팅 중독에서 쉽게 빠져나오지 못하고 있다. 작금의 글로벌 스포츠 베팅 시장은 어느 한 국가 내에서 통제할 수 있는 영역의 산업이 아니다. 점점 증가하는 "스포츠 베팅 중독자들을 관리하고 통제해야 한다"는 논리는 일종의 '구호'로 여겨질 뿐 어떤 국가도 적극적인 조치를 취하지 않고 있다. 엄청난 비용과 노력을 들이고도 해결하기 어려운 것이 바로 '도박 중독자 치유 및 재활'이라는 것을 과거의 경험을 통해 누구보다 잘 알고 있기 때문이다. 그렇다면 도박 중독 피해자들은 누가 보호할 것인가? 스포츠 베팅은 스포츠의 친구인가 적인가? 우리가 스포츠 베팅을 잘 관리하는가 아니면 스포츠 베팅에 우리가 이끌리는가에 따라, 좋은 친구가 될 수도 치명적인 적이 될 수도 있지 않을까?

2024년 10월 22일 국회 문화체육관광위원회 국정감사에는 합법 스포츠 베팅인 스포츠토토에 빠져 부채를 진 끝에 극단적인 선택을 한 30대 남성의 아버지가 증인으로 나서 다음과 같이 증언한 바 있다. 이는 스포츠 베팅의 확장을 주장하는 사람들에게 반드시 귀 기울여 달라고 당부하고 싶은 말이기도 하다.

"대한민국 정부는 강한 의지로 오로지 매출을 올리는 데 최상의 목표를 두었습니다. 그런 것이 판매점의 부정행위를 조장했고 우리 아들을 죽음으로 내몰았습니다.……우리 사회에 더 이상 이 같은 비극이 일어나지 않게 제도와 법을 재정비해 주실 것을 간절히 바랍니다."

부록 1

스포츠 베팅의 종류

• 머니라인 베팅Moneyline Bets

머니라인 베팅은 어느 팀이 승리할 것인지에 돈을 거는 것으로 가장 기본적인 형태의 스포츠 베팅이라고 할 수 있다. 경기에 참여하는 팀 중 상대적으로 전력이 우세한 팀에 낮은 배당이 주어지고, 전력이 열세인 팀, 소위 언더독Underdog에 더 높은 배당이 주어지게 마련이다. 프로토의 일반 유형이 머니라인 베팅의 일종이라고 할 수 있다.*

• 스프레드 베팅Spread Bets

스프레드 베팅은 팀에 돈을 거는 것은 머니라인 베팅과 같지만 승패의 기준을 경기의 결과가 아닌 두 팀 간의 점수 차로 조정하는 방식이다. 팀 간에 전력 차이가 있음을 고려해서 스포츠 베팅 업체가 전력이 우세한 팀에 가상의 핸디캡을 부여함으로써 양 팀 간의 전력 차를 줄여 베팅 결과의 불확실성을 높이는 것이다. 예를 들어, A, B라는 두 팀의 농구 경기에서 B가 언더독이라면 A에게 4.5점의 핸디캡을 부여함으로써 A가 5점 차 이상으로 승리해야 베팅에서도 승리로 인정이 되는 방식이다.⁑ 이때 무승부가 나는 것을 방지하기 위해 핸디캡을 0.5점 단위로 부여하곤 한다. 프로토의 핸디캡 유형이 스프레드 베팅의 일종이다.

• 토털 또는 언더/오버 베팅Total Betting, Over/Under Bets

토털 베팅 또는 언더/오버 베팅으로 불리는 방식은 경기의 승패가 아닌 두 팀이 낸 점수의 합이 스포츠 베팅 업체가 미리 정해 둔 기준을 넘는지(오버) 넘지 못하는지(언

* 무승부가 없는 야구와 농구의 경우, 야구는 1점 차 승부를 무승부로 하는 승1패, 농구는 5점 차 승부를 무승부로 하는 승5패 방식도 머니라인 베팅의 일종으로 볼 수 있다.

⁑ 예시의 경우, 보통 A -4.5, B+4.5의 방식으로 표시한다.

더)에 베팅을 하는 것이다. 예를 들어, 축구 경기에서 기준 점수를 3.5로 정해 두었을 때 경기가 3:1로 끝나면 두 팀 점수의 합이 4이므로 오버에 베팅을 한 이용자가 이기게 된다. 스프레드 베팅처럼 무승부가 나는 것을 방지하기 위해 기준 점수를 보통 0.5점 단위로 부여한다. 프로토의 언더오버 유형이 이 방식이다.

• **프로포지션 베팅**Proposition Bets

프로포지션 베팅은 경기 결과와는 상관없이 경기에서 특정 이벤트가 발생하는가 여부에 돈을 거는 것으로 프롭Prop이라 줄여 부르기도 한다. 특정 선수가 경기에서 득점하는 것부터 경고를 받는 것까지 매우 다양한 상황을 베팅의 대상으로 만들 수 있다. 프로포지션 베팅은 선수가 의도를 가지고 베팅 결과에 영향을 미칠 수 있는 영역이 비교적 크기 때문에 베팅 승부 조작의 위험이 상대적으로 크다. 2024년 NBA에서는 토론토 랩터스의 존테이 포터Jontay Porter라는 선수가 도박사와 결탁하고 자신의 출전시간을 제한해 그에 관한 프로포지션 베팅 결과를 조작했다는 이유로 영구 제명된 사례가 발생하기도 했다.

• **팔레이**Parlays

팔레이는 복수의 경기에 대해 승부를 예측해서 돈을 걸고, 그 승부 예측에 대한 조합이 모두 들어맞았을 때 상금을 타는 베팅 방식이다. 팔레이를 위해서는 최소 두 경기 이상 베팅을 해야 하며, 조합의 상한은 스포츠 베팅 업체가 정해 둔 범위 내에서 가능하다. 여러 조합으로 구성된 베팅이 모두 맞아야 하는 만큼 베팅에서 이기는 확률이 낮아지며, 그만큼 상금의 크기도 커진다. 주로 언더독에 베팅을 하는 방식으로 승률이 낮은 조합으로 구성하면 확률이 매우 낮아지는 대신 상금의 크기는 기하급수적으로 커질 수 있다. 팔레이는 원래 경마에서 돈을 땄을 때 원금과 상금을 다시 다른 경주에 거는 행위에서 유래했으며, 스포츠 베팅 상품 중 인기가 높은 방식이다. 프로토의 승부식이 이러한 팔레이 방식이라고 할 수 있다.

• **이프 베팅**If Bets

이프 베팅은 두 개 이상의 연속된 이벤트로 베팅을 구성하는 것으로 특정 조건이 성립할 때 어떠한 사건이 일어나는가에 돈을 거는 방식이다. 예를 들어, 축구에서 특정 선수가 교체로 출전해(조건), 득점을 한다(사건)는 데 베팅을 하는 것을 가정해 볼 수 있다.

• **퓨처 베팅**Futures

퓨처 베팅은 시간적으로 먼 미래에 일어날 일에 대해 돈을 걸고 그 예측이 현실화되는가에 따라 베팅의 승패가 갈리는 것이다. 대표적으로는 시즌이 시작하기 전에 우승할 팀을 예측해서 베팅을 한다거나, 월드컵 같은 대회에서 우승할 팀을 예상해서 베팅을 하는 것 등이 있다. 보통 스포츠 베팅 업체가 해당 이벤트가 일어날 확률에 따라 배당을 정해 둔다. 월드컵이 열리기 전 스포츠 베팅 업체가 예측한 우승 확률에 대한 뉴스를 접하곤 하는데, 이러한 퓨처 베팅의 배당률에 기반한 기사라고 할 수 있다.

• **인플레이 베팅**In-Play Betting

인플레이 베팅은 경기가 진행되는 동안 새로운 베팅을 실시간으로 만들어 내서 이에 대해 이용자들이 즉시 배팅을 하고 그 결과를 빠르게 확인할 수 있도록 하는 것으로 라이브 베팅Live Betting이라 불리기도 한다. 인플레이 베팅은 스포츠 베팅이 온라인 환경으로 확장되면서 실시간 베팅이 가능해짐으로써 생겨났다. 인플레이 베팅은 경기 전 베팅, 경기, 경기 종료 후 결과 확인으로 이어지는 기존 스포츠 베팅의 전통적인 순서를 경기 중 베팅 및 결과 확인이라는 연속적인 방식으로 바꾸었다는 점에서 획기적이라고 할 수 있다. 또한, 경기 중에 수없이 많은 인플레이 베팅을 만들어 낼 수 있고, 경기를 보면서 이용자들이 계속 베팅을 할 수 있다는 점에서, 이용자에게는 더 많은 이용 기회를 제공하고 스포츠 베팅 업체에게는 더 많은 수익 창출의 기회를 제공한다. 이러한 연유로 인플레이 베팅은 폭발적인 인기를 끌고 있다. 인플레이 베팅은 기존의 스포츠 베팅보다 자극과 보상의 간격이 극단적으로 짧아지기 때문에 스포츠 베팅 중독을 유발할 위험이 큰 것으로 알려져 있다.

부록 2

도박 중독 검사지CPSI(Problem Gambling Severity Index)

지난 1년 동안에 대해 생각해보고 다음 질문에 답하세요.

질문	없음 0점	가끔 1점	때때로 2점	거의 항상 3점
도박에서 잃어도 크게 상관없는 금액 이상으로 도박을 한 적이 있습니까?				
도박에서 이전과 같은 흥분감을 느끼기 위해 더 많은 돈을 걸어야 했던 적이 있습니까?				
도박으로 잃은 돈을 만회하기 위해 다른 날 다시 도박을 한 적이 있습니까?				
도박자금을 마련하기 위해 돈을 빌리거나 무엇인가를 판 적이 있습니까?				
자신의 도박 행위가 문제가 될 만한 수준이라고 느낀 적이 있습니까?				
도박으로 인해 스트레스나 불안 등을 포함한 어떤 건강상의 문제를 겪은 적이 있습니까?				
사실 여부에 상관없이 다른 사람들로부터 도박 행위를 비난 받거나 도박 문제가 있다는 얘기를 들은 적이 있습니까?				
도박 행위로 인해 본인이나 가정에 재정적인 문제가 발생한 적이 있습니까?				
자신의 도박하는 방식이나 도박을 해서 발생한 일에 대해 죄책감을 느낀 적이 있습니까?				

점수표

총점	분류	상태
0점	문제없음	도박에 사용되는 돈과 시간을 통제할 수 있으며, 오락을 위해 도박을 하는 정도
1점~2점	저위험 도박	도박문제가 거의 없거나 금액과 시간을 조절할 수 있는 상태
3점~7점	중위험 도박	도박 행동 및 결과를 숨기거나 조절 능력을 일부 상실해 생활에 피해가 발생한 상태
8점 이상	문제성 도박	도박 행동 조절 능력이 심하게 손상되어 생활에 심각한 피해가 발생한 상태

부록 3

한국판 청소년 도박 중독 진단척도(K-DSM-Ⅳ-MR-J)

돈내기 게임이란?
카드나 화투, (인형 등) 뽑기, 스포츠경기 내기, 복권/토토 등 온라인 또는 오프라인에서 돈 또는 그만큼의 가치가 있는 물건을 걸고서 승자일 경우 그 건 돈(물건)을 가져가고, 패자일 경우에는 잃는 방식으로 진행되는 각종 내기 성격의 게임을 의미합니다. 본 설문에서는 '돈내기 게임'이라는 단어로 사용합니다.

아래 문항들은 돈 또는 돈이 될 만한 물건을 걸고 하는 내기 게임을 하다가 경험할 수 있는 문제들을 모아놓은 것입니다. 한 문항 한 문항 천천히 읽으면서, 지난 3개월 사이에 이런 문제를 얼마나 자주 경험했는지 표기해 주세요.

문항	없다	한두 번 있다	때때로 있다	자주 있다
1. 돈내기 게임에 대해 생각하거나 계획을 세워본 적이 있나요?				
2. 계획보다 더 많은 돈을 돈내기 게임에 쓴 적이 있나요?				
3. 골칫거리나 나쁜 기분을 잊기(피하기) 위해 돈내기 게임을 한 적이 있나요?				
4. 돈내기 게임과 관련해 가족에게 거짓말을 한 적이 있나요?				
5. 점심값이나 차비를 돈내기 게임에 쓴 적이 있나요?				
6. 돈내기 게임을 위해 부모님이나 가족의 돈을 몰래 가져온 적이 있나요?				
7. 돈내기 게임을 위해 가족 이외 다른 사람의 돈을 몰래 가져온 적이 있나요?				
8. 돈내기 게임 때문에 가족 또는 친구와 싸운 적이 있나요?				
9. 돈내기 게임 때문에 학교에 빠진 적이 있나요?				

* 다음 문항은 위(앞)의 문항과 빈도 보기가 다르므로 유의해서 응답해 주세요.

문항	없다	한두 번 있다	때때로 있다	자주 있다	그만하려 한 적 없다
10. 돈내기 게임을 그만하거나 줄이려 할 때, 기분이 나쁘거나 괴로웠던 적이 있나요?					

* 다음 문항은 위(앞)의 문항과 빈도 보기가 다르므로 유의해서 응답해 주세요.

문항	아니오	절반 이하 그랬다	절반 이상 그랬다	매번 그랬다
11. 잃은 돈을 되찾기 위해 다시 돈내기 게임을 해본 적이 있나요?				

* 다음 문항은 위(앞)의 문항과 빈도 보기가 다르므로 유의해서 응답해 주세요.

문항	아니오	예
12. 돈내기 게임을 할 때 충분한 재미나 스릴을 느끼려고 이전보다 더 많은 돈을 건 적이 있나요?		

채점 방법: 각 문항들은 아래의 기준에 따라 0 또는 1로 변환해 채점

문항	채점방법
1, 2	[없다/한두 번 있다/때때로 있다]=0점, [자주 있다]=1점
3, 10	[없다/한두 번 있다]=0점, [때때로 있다/자주 있다]=1점
4~9	[없다]=0점, [한두 번 있다/때때로 있다/자주 있다]=1점
11	[없다/절반 이하 그랬다]=0점, [절반 이상 그랬다/매번 그랬다]=1점
12	[아니오]=0점, [예]=1점

* 5~7: 3개 문항의 합을 구해 점수를 변환 [3개 문항의 합이 0점=0점, 1~3점=1점]
** 8~9: 2개 문항의 합을 구해 점수를 변환 [2개 문항의 합이 0점=0점, 1~2점=1점]

점수표

총점	분류
0점	비문제성
1~3점	위험성
4~9점	문제성

(김예나 · 권선중 · 김원식, 2016)

주

1. Toner, 1995.
2. Faris, 2012.
3. Statista, 2024.
4. Agnihotri & Bhattacharya, 2020.
5. Grand View Research, 2024.
6. Fullerton et al., 2020.
7. Hing, Russell, Tolchard & Nower, 2016.
8. Hunt, 2017.
9. Braverman & Shaffer, 2012; Gainsbury, Russell, Hing, Wood & Blaszczynski, 2013; Gainsbury, Russell, Hing, Wood, Lubman & Blaszczynski, 2015; LaBrie & Shaffer, 2011.
10. Raylu & Oei, 2004.
11. Lorains, Cowlishaw & Thomas, 2011.
12. Gray, 2019.
13. Lopez-Gonzalez, Estevez, & Griffiths, 2017.
14. Woods, 2019.
15. Corbett, 2019.
16. 서원석, 이민재, 2013.

참고문헌

Agnihotri, A., & Bhattacharya, S. (2020). Drivers of mompreneurship: evidence from India. Society and Business Review, 15(4), pp. 373~396.

Andrews, E. (2014). What was the 1919 'Black Sox' baseball scandal?. History. https://www.history.com/news/black-sox-baseball-scandal-1919-world-series-chicago

Bar-Eli, M., Azar, O. H., Ritov, I., Keidar-Levin, Y. & Schein, G. (2007). Action bias among elite soccer goalkeepers: The case of penalty kicks. Journal of Economic Psychology, 28(5), pp. 606~621.

Beem, E. R., & Shaffer, H. J. (1981). Triggers to action: Some elements in a theory of promotional inducement. Cambridge, MA: Marketing Science Institute.

Berg, A. (2024년 10월 9일). NCAA Study: College Athletes Suffering Abuse From 'Angry Bettors'. Athletic Business. https://www.athleticbusiness.com/print/content/15705423

Braverman, J., & Shaffer, H. J. (2012). How do gamblers start gambling: Identifying behavioral markers for high-risk internet gambling. The European Journal of Public Health, 22(2), pp. 273~278.

Bruce, A. (2013). Betting Motivation and Behavior. in Vaughan-Williams, L. & Siegel, D. S. (eds), The Oxford Handbook of the Economics of Gambling, Oxford Handbooks.

Bulboaca, S., & Tierean, O. M. (2021). Consumer Behaviour Analysis in the Sports Betting Market. Bulletin of the Transilvania University of Brasov. Series V: Economic Sciences, pp. 9~18.

Caillon, J., Grall-Bronnec, M., Perrot, B., Leboucher, J., Donnio, Y., Romo, L., & Challet-Bouju, G. (2019). Effectiveness of at-risk gamblers' temporary self-exclusion from Internet gambling sites. Journal of Gambling Studies, 35, pp. 601~615.

Centre for Intellectual Property and Information Law (1959). Football League Ltd v Littlewoods Pools Ltd [1959] 1 Ch 637. University of Cambridge.

Chaves, C. (2018년 5월 14일). What is PASPA? The professional and amateur sports protection act explained. Sports Illustrated. https://www.si.com/more-sports/2018/05/14/professional-amateur-sports-protection-act-explained-supreme-court-decision

Corbett, N. T. (2019). Changing the game: How the United States can look to the European union to create effective sports betting legislation in a post-PASPA world. Iowa L. Rev., 105, 2273.

Deans, E. G., Thomas, S. L., Daube, M., Derevensky, J., & Gordon, R. (2016). Creating symbolic cultures of consumption: An analysis of the content of sports wagering in advertisements in Australia. BMC Public Health, 16, pp. 208~215.

Delfabbro, P., King, D., Williams, J., & Georgiou, N. (2021). Cryptocurrency trading, gambling and problem gambling. Addictive Behaviors, 122, 107021.

Dickerson, M. (1993). Internal and external determinants of persistent gambling: Problems in generalising from one form of gambling to another. Journal of Gambling Studies, 9(3), pp. 225~245.

Dores, A. R., Rocha, A., Paiva, T., Carvalho, I., Geraldo, A., Griffiths, M. D., & Barbosa, F. (2020). Neurophysiological correlations of the Near-Miss effect in gambling. Journal of Gambling Studies,

36(2), pp. 653~668.

Bradley, B. (2015년 5월 15일). The story of when NJ. almost legalized sports betting in 1993. NJ.com. https://www.nj.com/politics/2015/03/the_story_of_njs_missed_opportunity_on_sports_bett.html

Emanuel, M. J., Currie, X. E., & Herman, A. (2005). Undue inducement in clinical research in developing countries: Is it a worry? The Lancet, 366(9482), pp. 336~340.

Faris, S. B. (2012). Changing public policy and the evolution of Roman civil and criminal law on gambling. UNLV Gaming Law Journal, 3(2).

Ferris, J., & Wynne, H. (2001). The Canadian Problem Gambling Index: Final report. Ottawa: Canadian Centre on Substance Abuse.

Fried, G., Holden, J. & Harris, B. (2024). The Business of Sports Betting. Human Kinetics.

Fullerton, S., McCall, M., & Dick, R. (2020). An assessment of the fourteen beneficiaries of legalized sports betting and the potential benefits that they derive. The Journal of Gambling Business and Economics, 13(1), pp. 43~70.

Gainsbury, S. (2010). Editorial: Gambling on the Olympics. International Gambling Studies, 10(1), pp. 1~4.

Gainsbury, S. M., Russell, A., Hing, N., Wood, R., & Blaszczynski, A. (2013). The impact of internet gambling on gambling problems: a comparison of moderate-risk and problem Internet and non-Internet gamblers. Psychology of Addictive Behaviors, 27(4), 1092.

Gainsbury, S. M. (2014). Review of self-exclusion from gambling venues as an intervention for problem gambling. Journal of Gambling Studies, 30(2), pp. 229~251.

Gainsbury, S. M., Russell, A., Hing, N., Wood, R., Lubman, D., & Blaszczynski, A. (2015). How the Internet is changing gambling: Findings from an Australian prevalence survey. Journal of Gambling Studies, 31, pp. 1~15.

Gillespie, M. A., Derevensky, J., & Gupta, R. (2007). Adolescent problem gambling: Developing a gambling expectancy instrument. Journal of Gambling Issues, 19, pp. 51~68.

Grand View Research (2024 March) U.S. Sports Betting Market Size, Industry Report, 2030. Grand View Research. https://www.grandviewresearch.com/industry-analysis/us-sports-betting-market-report#

Gray, M. (2019년 3월 18일). MLS strikes four-year deal with MGM. Lag Confidential. https://www.lagconfidential.com/2019/3/18/18271445/mls-strikes-four-year-deal-with-mgm

Grinols, E. L. (2017). Problem gambling, mental health, alcohol and drug abuse: Effects on crime. In Dual Markets (pp. 321-330). Springer, Cham.

Harouel, J. (2011). From Francis Ⅰ to online betting: The history of gambling in France. Pouvoirs, 139(4), pp. 5~14.

Hayer, T., & Meyer, G. (2011). Internet self-exclusion: Characteristics of self-excluded gamblers and preliminary evidence for its effectiveness. International Journal of Mental Health and Addiction, 9(3), pp. 296~307.

Heitner, D. (2018년 1월 25일). NBA askes for 1% Integrity Fee from sports betting operators. Forbes. https://www.forbes.com/sites/darrenheitner/2018/01/25/nba-asks-for-1-integrity-fee-from-sports-betting-operators/

Hing, N., Sproston, K., Brook, K., & Brading, R. (2017). The structural features of sports and race betting inducements: Issues for harm minimization and consumer protection. Journal of Gambling Studies, 33, pp. 685~703.

Hing, N., Russell, A., Tolchard, B., & Nower, L. (2016). Risk factors for gambling problems: An analysis by gender. Journal of gambling studies, 32, pp. 511~534.

Hunt, C. J. (2017년 3월 16일). Wide-ranging ban on gambling ads during sport broadcasts is needed to tackle problem gambling. The Conversation. https://theconversation.com/wide-ranging-ban-on-gambling-ads-during-sport-broadcasts-is-needed-to-tackle-problem-gambling-74687

International Olympic Committee (2010). Recommendations for the IOC Seminar "Sports betting: A Challenge to be faced". International Olympic Committee.

Killick, E., & Griffiths, M. D. (2021). Impact of sports betting advertising on gambling behavior: A systematic review. Addicta, 8(3), pp. 201~214.

Killick, E. A. & Griffiths, M. D. (2021). Why do individuals engage in In-Play sports betting? A qualitative interview study. Journal of Gambling Studies, 37(1), pp. 221~240.

Killick, E. A., & Griffiths, M. D. (2019). In-play sports betting: A scoping study. International Journal of Mental Health and Addiction, 17(6), pp. 1456~1495.

Kotter, R., Kr plin, A., & B hringer, G. (2018). A systematic review of land-based self-exclusion programs: Demographics, gambling behavior, gambling problems, mental symptons, and mental health. Journal of Gambling Studies, 34, pp. 1~28.

Kruger, J. & Dunning, D. (1999). Unskilled and unaware of it: how difficulties in recognizing one's own incompetence lead to inflated self-assessments. Journal of Personality and Social Psychology, 77(6), pp. 1121~1134.

LaBrie, R., & Shaffer, H. J. (2011). Identifying behavioral markers of disordered Internet sports gambling. Addiction Research & Theory, 19(1), pp. 56~65.

Langer, E. J. (1975). The illusion of control. Journal of Personality and Social Psychology, 32(2), pp. 311~328.

Lopez-Gonzalez, H., Est vez, A., & Griffiths, M. D. (2017). Controlling the illusion of control: a grounded theory of sports betting advertising in the UK. International Gambling Studies, pp. 1~17.

Lopez-Gonzalez, H., Est vez, A., & Griffiths, M. D. (2019). Internet-based structural characteristics of sports betting and problem gambling severity: Is there a relationship? International Journal of Mental Health and Addiction, 17(6), pp. 1360~1373.

Lopez-Gonzalez, H., Russell, A. M. T., Hing, N., Est vez, A., & Griffths, M. D. (2020). A cross-cultural study of weekly sports bettors in Australia and Spain. Journal of Gambling Studies, 36, pp. 937~955.

Lorains, F. K., Cowlishaw, S., & Thomas, S. A. (2011). Prevalence of comorbid disorders in problem and pathological gambling: Systematic review and meta-analysis of population surveys. Addiction, 106(3), pp. 490~498.

Mazar, A., Zorn, M., Becker, N., & Volberg, R. A. (2020). Gambling formats, involvement, and problem gambling: which types of gambling are more risky? BMC Public Health, 20, pp. 711~720.

Milner, L., Hing, N., Vitartas, P., & Lamont, N. (2013). An exploratory study of embedded gambling promotion in Australian football television broadcasts. Communication, Politics, and Culture, 46, pp. 177~198.

Mullin, B. J., Hardy, S., & Sutton, W. A. (2014). Sport Marketing(4th edition). Champaign, IL, Human Kinetics.

Liptak, A. & Draper, K. (2018년 5월 14일). Supreme Court Ruling Favors Sports Betting. New York Times. https://www.nytimes.com/2018/05/14/us/politics/supreme-court-sports-betting-new-jersey.html

Bradley, B. (2015년 5월 15일). The story of when N.J. almost legalized sports betting in 1993. NJ.com. https://www.nj.com/politics/2015/03/the_story_of_njs_missed_opportunity_on_sports_bett.html

Nyemcsok, C., Thomas, S. L., Pitt, H., Pettigrew, S., Cassidy, R., & Daube, M. (2021). Young people's reflections on the factors contributing to the normalization of gambling in Australia. Australia and New Zealand Journal of Public Health, 45, pp. 165~170.

Oxera Consulting (2016 May). Odds on? What was the probability of Leicester City's 2016 success? Oxera Consulting LLP.

Parke, A., Harris, A., Parke, J., Rigbye, J., & Blaszczynski, A. (2014). Responsible marketing and advertising in gambling: A critical review. The journal of gambling business and economics, 8(3), pp. 21~35.

Pitt, H., Thomas, S. L., Bestman, A., Stoneham, M., & Daube, M. (2016b). "It's jurst everywhere!" Children and parents discuss the marketing of sports wagering in Australia. Australian and New Zealand Journal of Public Health, 40(5), pp. 480~486.

Raylu, N., & Oei, T. P. (2004). The Gambling Related Cognitions Scale (GRCS): Development, confirmatory factor validation and psychometric properties. Addiction, 99(6), pp. 757~769.

Rook, D. W. (1987). The buying impulse. Journal of Consumer Research, 14(2), pp. 189~199.

Russell, A. M., Hing, N., & Browne, M. (2019). Risk fadctors for gambling problems specifically associated with sports betting. Journal of Gambling Studies, 35(4), pp. 1211~1228.

Steenbergh, T. A., Meyers, A. W., May, R. K., & Whelan, J. P. (2002). Development and validation of the Gamblers' Beliefs Questionnaire. Psychology of Addictive Behaviors, 16(2), pp. 143~149.

Tangney, J. P., Baumeister, R. F., Boone, A. L. (2004). High self-control predicts good adjustment, less pathology, better grades, and interpersonal success. Journal of Personality, 72, pp. 271~322.

Thomas, S. L., Bestman, A., Pitt, H., Cassidy, R., McCarthy, S., Nyemcsok, C., & Daube, M. (2018). Young people's awareness of the timing and placement of gambling advertising on traditional and social media platforms: A study of 11-16-year-olds in Australia. Harm Reduction Journal, 15(1), pp. 1~13.

Toner, J. P. (1995). Leisure and Ancient Rome. Wiley.

Walters, B. (2023). Gambler: Secrets from a Life at Lisk. Simon and Schuster.

Weibe, J. (2008). Internet gambling: Strategies to recruit and retain customers. Guelph, ON: Ontarion Problem Gambling Research Center.

Woods, B. (2019). Half of Americans live in states soon to offer sports gambling. CNBC. https://www.cnbc.com/2019/07/10/half-of-americans-live-in-states-soon-to-offer-sports-gambling.html

고정민·강준호, 「해외 스포츠베팅사업 현황 분석을 통한 체육진흥투표권사업 적정 운영체계 도출」, 『체육과학

연구』 30(4), 2019, 798~812쪽.
김예나 · 권선중 · 김원식, 「한국판 청소년 도박 중독 진단 척도(K-DSM-Ⅳ-MR-J)의 타당화 연구」, 『한국심리학회지: 건강』 21(4), 2016, 751~772쪽.
박선영 · 정지명 · 고경진 · 신성연 · 최민규, 「체육진흥투표권사업 발전방안 연구: 발행 종목, 해외시장 진출을 중심으로」, 『한국스포츠정책과학원 연구보고서』, 2022.
박성배 · 권태근 · 김명진, 「심리적 도박 중독성 지수 및 행동적 도박 심각도 지수를 통한 국내 스포츠 베팅 이용자의 중독 영향 요인에 대한 연구」, 『체육과학연구』 33(4), 2022, 687~700쪽.
사행산업통합감독위원회, 「제5차 불법도박 실태조사」, 사행산업통합감독위원회, 2022.
사행산업통합감독위원회, 「2023 사행산업 관련 통계」, 사행산업통합감독위원회, 2023.
서원석 · 이민재, 「합법 사행산업과 불법도박 참여 행동 및 연관성 검증을 통한 사행산업 건전화 정책 고찰」, 『관광학연구』 37(8), 2013, 97~119쪽.
이동준 · 김범식, 「경륜 관람자의 비합리적 도박신념과 도박 심각성의 관계」, 『한국체육학회지』 55(6), 2005, 247~256쪽.
이연호 · 조택희 · 배영목 · 박영화, 「합법 사행산업이 불법도박을 대체하는가?: 체육진흥투표권 사례를 중심으로」, 『무역연구』 14(1), 2018, 303~319쪽.
이연호 · 박영화 · 배영목 · 조택희, 「불법 스포츠 도박 참여실태와 결정요인」, 『사회과학연구』 36(1), 2019, 73~102쪽.
허종훈, 「갬블링 참가자의 중독성 분석: 서울경마장 이용객을 중심으로」, 미간행 석사학위 논문, 경기대학교, 2001.
국민체육진흥공단 홈페이지 www.kspo.or.kr
베트맨 홈페이지 www.betman.co.kr
사행산업통합감독위원회 홈페이지 www.ngcc.go.kr
스포츠토토 홈페이지 www.sportstoto.co.kr
한국마사회 홈페이지 www.kra.co.kr
호주 재무 카운슬링 홈페이지 www.financialcounsellingaustralia.org.au

스포츠 베팅의 겉과 속

초판 1쇄 2025년 2월 24일 찍음
초판 1쇄 2025년 3월 7일 펴냄

지은이 | 박성배 · 최준규
펴낸이 | 이태준

인쇄·제본 | 지경사문화

펴낸곳 | 북카라반
출판등록 | 제17-332호 2002년 10월 18일

주소 | (04037) 서울시 마포구 양화로7길 6-16 서교제일빌딩 3층
전화 | 02-486-0385
팩스 | 02-474-1413

ISBN 979-11-6005-152-0 03690
값 16,000원

북카라반은 도서출판 문화유람의 브랜드입니다.